数字营销系列丛书

周茂君 主编

数字品牌营销

余晓莉 著

科学出版社

北京

内 容 简 介

随着数字技术的不断发展，营销环境也正在发生巨变。在巨变的环境下，品牌在营销中的意义非但没有被削弱，反而进一步凸显出来。在数字传播的背景下，本书从营销学、传播学的视角切入，剖析企业品牌发展所面临的困境与机会，并在此基础上，探索企业品牌构建的新方向和新思路。本书紧扣新时代媒体特征、消费者行为特点以及数字品牌营销的特点，结构合理，逻辑清晰。在写作特点方面，本书选取大量最具时效性和典型性的案例，力求理论深入浅出，行文新鲜生动。

本书既可作为广告、市场营销等相关专业学生教材，也可成为相关从业人员学习与实践的参考用书。

图书在版编目（CIP）数据

数字品牌营销 / 余晓莉著. —北京：科学出版社，2020.2
（数字营销系列丛书）
ISBN 978-7-03-059802-8

Ⅰ. ①数… Ⅱ. ①余… Ⅲ. ①网络营销 Ⅳ. ①F713.365.2

中国版本图书馆 CIP 数据核字（2018）第 280595 号

责任编辑：郝 静 / 责任校对：王丹妮
责任印制：张 伟 / 封面设计：楠竹文化

科学出版社出版
北京东黄城根北街 16 号
邮政编码：100717
http://www.sciencep.com
北京虎彩文化传播有限公司 印刷
科学出版社发行 各地新华书店经销
*
2020 年 2 月第 一 版 开本：720×1000 1/16
2023 年 8 月第四次印刷 印张：12 1/4
字数：242 000

定价：49.00 元

（如有印装质量问题，我社负责调换）

“数字营销系列丛书”编委会名单

推 荐 序

“风乍起，吹皱一池春水”，这是南唐词人冯延巳的著名词句，用它来形容当前已然来临的数字营销时代，最为恰切。数字时代的这个“风”就是新技术，正是它引领着数字媒体发生着深刻变革，影响着人们的工作状态、生活方式和阅读习惯，进而颠覆着媒体市场、广告市场和营销市场的运行规则。在这里，广告主在传统媒体时代简单的广告营销逐渐被数字时代注重官网、两微一端和搭建营销平台的“自营销”所取代；报刊、广播、电视等传统媒体依靠采编、经营双轮驱动已悄然改变，代之而起的是以内容运营、用户运营和活动运营为主的数字媒体运营；广告代理公司（绝大多数转型为数字营销公司）为迎接数字时代的到来，正在经历着从经营理念、组织架构到运作流程、业务模式的阵痛与蜕变，以便更好地服务于广告主。

数据成为数字营销市场的核心竞争力，得数据者得天下。广告主可以凭借其拥有的第一方数据，借助其官网和微博、微信，自建 APP，搭建营销平台，进行品牌宣传与产品营销；数字媒体则依靠其垄断的第二方数据资源和头部媒体优势，在营销市场纵横捭阖、所向披靡；传统广告公司在过去时代曾经拥有的创意、策划等专业性优势，在数字时代逐渐被广告主和数字媒体蚕食，而“去中介”的行业诉求正在加重其生存危机，逼迫其通过搭建数字营销平台（垂直）和重构专业性实现浴火重生与凤凰涅槃。而原生广告和内容营销也颠覆着人们“内容是内容”“广告是广告”“二者要具有可识别性”的认知。前者将品牌信息深度植入媒体内容，并使二者融为一体；后者更强调将媒体内容作为营销工具为品牌广告或效果广告服务。此时，在数字营销市场，内容即广告，广告即内容，过去那种纯粹的内容与纯粹的广告再难见到，无论内容还是广告，都是为营销服务、为广告主服务。一切皆处于变化之中或在变化的路上，而唯一不变的就是变化，这就是时下的数字营销时代。

正是在技术引领、规则被颠覆、市场变革已然成为现实的情况下，周茂君教授组织编写了这套数字营销系列丛书——《数字营销概论》《数字营销策划与创意》《数字内容营销》《数字品牌营销》《数字平台营销》《大数据营销》《数字营销公司经营与管理》《数字媒体运营》《数字营销效果测评》《数字营销伦理与法规》。本套丛书一共 10 本，从书名可以见出其独特之处：其一，大营销观的独特研究视角。本套丛书坚持大营销观，让广告回归营销，恢复广告是市场营销一部分的本来面目，处处从大营销的角度展开论述；立足于大营销，从营销参与者、营销要素和营销过程的角度来确定相关的书名、章节。其二，勾画史的线索与立足数字营销实践。丛书的每本书皆坚持勾画出从传统媒体到数字媒体、从传统广告到数字广告和从传统营销到数字营销的“史”的线索和发展脉络，让读者能从中见出从传统时代到数字时代的演进轨迹；同时丛书作者并没有局限于对数字营销做从理论到理论式的研究，而是立足于数字营销实践，更多地从业界的视角去透视、研究相关的理论问题，这就使其研究更重实际，也更接地气。其三，本套丛书既关注理论前沿问题，注意吸收和借鉴国内外数字营销研究的最新成果，又注重这些基本理论的实际应用，并将基本理论、实际应用和案例点评很好地结合在一起，形成独具的特色。

数字营销在国外才出现短短 20 多年时间，在国内出现的时间更短，无论国外还是国内对它研究的时间都不长，可以说才刚刚起步，对数字营销进行系统研究的系列著作则更少。希望以周茂君教授这套数字营销系列丛书为起点，国内涌现出更多的作者和更多的研究成果，早日迎来数字营销研究的收获期。

是为序。

强月新

2019 年 10 月

“数字营销系列丛书”前言

1994 年 10 月 14 日，美国《热线杂志》网络版刊出美国电话电报公司（American Telephone & Telegraph，AT&T）等 14 则广告主的图像和信息，标志着网络广告的正式诞生，也宣告了数字营销时代的来临。这场由新技术引发媒体市场、广告市场和营销市场的变革方兴未艾，其对未来的影响巨大而深远，甚至是颠覆性的。有人曾用“变化是当前唯一不变的主题”这句话来加以形容，无疑是对数字营销市场状况的真实写照。

尽管数字营销已经走过了 20 多年的发展历程，但是迄今为止仍然没有一个大家公认的权威定义。国外部分学者或营销专家对数字营销提出了一些看法，有两方面的内容值得关注：其一，数字营销是一种全新的营销方式。他们认为数字营销“也称为电子营销”①，是“利用数字技术帮助营销活动”②，是“将互动媒体与营销组合的其他元素相结合”③，是“一种全新的营销方式”④。其二，数字营销有利于与消费者建立关系并实现营销目标。他们强调数字营销“使消费者和

① Smith K T. Digital marketing strategies that millennials find appealing, motivating, or just annoying[J]. Journal of Strategic Marketing，2011，19（6）：489-499.

② Bala M，Verma M D. A critical review of digital marketing[J]. International Journal of Management，IT & Engineering，2018，8（10）：321-339.

③ Parsons A，Zeisser M，Waitman R. Organizing today for the digital marketing of tomorrow[J]. Journal of Interactive Marketing，1998，（1）：31-46.

④ Wind Y，Mahajan V. Digital Marketing：Global Strategies From The World's Leading Experts[M]. New York：John Wiley & Sons，Inc，2001.

企业建立了双向联系，且消费者可以更为便捷地接触到产品和服务”[①]，能够“与用户建立更深层次的关系”[②]，“通过数字媒体、数据和技术与传统传播相结合实现营销目标”[③]。

鉴于此，我们试着给数字营销下了一个定义：它又名在线营销，是利用网络技术、数字技术和移动通信技术等技术手段，借助各种数字媒体平台，针对明确的目标用户，为推广产品或服务、实现营销目标而开展的精准化、个性化、定制化的实践活动，它是数字时代与用户建立联系的一种独特营销方式，具有深度互动性、目标精准性、平台多样性和服务个性化、定制化等特征。

在数字营销行业，大数据、区块链、虚拟现实、物联网、超级计算等技术领域在全球发展势头良好。数字媒体的内容生产、产品形态和推送渠道都更加丰富，网络广告的生产、推广和监管也随之更加多元化和规范化。移动互联网的普及在很大程度上改变了人类生活的方方面面，用户的媒介使用习惯和消费行为都发生了巨大改变，数据资源成为各家公司争夺的重要生产要素。

正如 Actifio 首席执行官 Ash Ashutosh 所说：“Airbnb 是最大的酒店服务机构，但它却没有一间酒店房间；Uber 是最大的出租车服务公司，但公司却没有一辆出租车。”[④]数据已经成为各类公司的核心命脉，自然也深刻地影响着数字营销观念及思维方式的变化。

过去，广告人围坐在会议桌前，仅仅靠头脑风暴和无限的创意就能敲定广告方案的时代已经不再。现在的数字营销从业者更像是股票交易员，他们坐在电脑前，瞬间即可在在线广告交易平台上完成广告位的购买与销售。运算法则的输出结果能实时、准确地根据用户数据决定不同的产品广告应当在哪一个网页或终端

---

① Durmaz Y，Efendioglu I H. Travel from traditional marketing to digital marketing[J]. Global Journal of Management and Business Research，2016，16（2）：34-40.

② Royle J，Laing A. The digital marketing skills gap：developing a digital marketer model for communication industries[J]. International Journal of Information Management，2014，（2）：65-73.

③ Chaffey D，Ellis-Chadwick F. Digital Marketing：Strategy，Implementation and Practice[M]. 5th ed. New York：Pearson，2017.

④ Tunguz T，Bien F. 大数据浪潮——企业文化、高效团队和商业奇迹[M]. 宫鑫，谢金秀，刘婷婷，译. 北京：人民邮电出版社，2017.

设备中投放，同时准确地选择出向不同的用户投放哪一个版本的广告内容。广告交易平台可以根据访客曝光量或转化率为付费用户准确地计算出广告费用，并通过代码监测向广告主们及时地反馈广告投放到目标用户的效果。一定的数据分析能力以及对于数字管理系统熟练的操作能力，似乎已经成为广告营销人员必备的职业技能，过去的“广告狂人”正在向现在的“数据达人”转变。

数字化的传播手段和传播内容对数字营销行业的影响主要在三个方面：其一，广告交易制度的改变。网络投放与广告管理系统的开发有力推进了网络广告市场的规范化运作。与常规的人工购买相比，基于自动化技术和数据系统来进行广告投放的程序化购买平台可以极大地改善广告购买的效率、规模和投放策略。其二，广告产品形态的多元化。随着媒介形态的多样化，技术手段的日益革新，网络广告的形式由最初的展示广告拓展到搜索引擎广告、富媒体广告、短视频广告、电商广告等丰富的产品形态。通过与不同行业的跨界合作，产品营销方式也多种多样，社交媒体、电商平台、新闻资讯平台、娱乐平台以及各传统媒体平台交融合作，打造从线上到线下的营销闭环，更加贴近消费者的生活场景与兴趣爱好。其三，广告主营销理念的转变。广告主开始注重广告营销效果的“品效合一”，他们既关注广告投放后品牌或产品知名度的推广，同时也希望能看到更加直接的销售转化效果。第三方监测公司的出现使得数字营销产业链逐步趋于完整，广告主对于广告效果的把控更加客观真实。

面向全球市场的数字营销生态链基本形成，不同类型的数字营销公司纷纷搭建自己的数据平台，相互聚集。它们的“整合”绝不仅体现在媒体、渠道与终端，而且更深刻地呈现于整个行业格局的变化与发展之中。一些传统的广告传播集团通过大规模的并购、收购，整合数据资源、拓展数字营销业务，转型成为数字营销集团。一些独立的代理公司、数字技术公司和数字媒体纷纷展开合作，试图为广告主提供更加一体化、一站式的网络营销服务方案。 目前，数字营销行业的广告代理公司分布有以下三个特点：其一，独立代理公司渐成气候。独立代理公司能够快速响应市场趋势，并且具有扎实的市场洞察。其二，代理商结构、层级多样化。广告主新设立的 In-house 团队、媒体下属的数字营销公司，以及市场上原有的广告代理公司相互协调合作，不同团队之间专业营销者的对话提高了数字营销的效率，但对数字营销公司来说，其在产业链中的地位则受到越来越大的威胁。其三，内容创作的质量以及分析效果的能力拉开了数字营销公司之间的差距。营销者讲故事的能力、获取和分析数据的能力，以及利用数据促进消费者互动和销售转化的能力，对于吸引广告主来说至关重要。

在数字营销行业环境的风云变幻中，广告主、数字媒体和数字营销公司作为行业发展的三大运行主体，在迎接变革与挑战的过程中，势必要经历残酷的竞争与痛苦的蜕变，能在这场变革中生存下来的，都是能顺应时代潮流、适时改革创新的佼佼者。

数字时代已然来临，技术引领、规则被颠覆、市场变革已是不争的事实。面对已然来临的数字时代，只有迎接挑战而不是回避。因此，编写这套数字营销系列丛书主要出于如下考虑：

（1）系列丛书将秉承五个原则：其一，以“营销主体”“营销内容”“营销平台”“营销对象”“营销管理”五个方面作为研究对象。其二，坚持大营销观，让广告回归营销，恢复广告是市场营销一部分的本来面目。其三，立足于大营销，从营销参与者和营销过程的角度来确定相关的书名、章节。其四，每本书皆勾画出从传统营销到数字营销的发展线索和脉络，使读者能从每本书上见到数字营销时代的新变化。其五，每本书在研究内容上既要相互有关联，又要厘清彼此间的研究边界而不至于重复。

（2）本套丛书既关注理论前沿问题，吸收和借鉴国内外数字营销研究的最新成果，又注重这些基本理论的实际应用。在具体编写过程中，将基本理论、实际应用和案例点评相结合，展现出独具的特色：其一，基本理论部分。对数字营销涉及的理论问题，只作概括性叙述，不进行全面性描述，对其基本原理，力争深入浅出，易学易懂。其二，实际应用部分。这是本套丛书每本书的写作重点，这个思路将贯穿于每本书的编写之中。其三，案例点评部分。每本书的大部分章节都要求安排与本章内容相关联的案例点评，用具体的案例点评，来回应前面的基本理论和实际应用。

（3）本套丛书在编写过程中尽力做到有思想、有创见、有全新体系，观点新颖，持论公允，风格力求简洁、明了、畅达，并在此基础上使行文生动、活泼、风趣。

这套丛书从 2016 年底提出计划到现在即将付梓，前后历时三年。由主编周茂君提出总体构想以及 10 本书的书名；然后是聘请作者参与编写。由于时间较长，作者几经变化，其间的艰难困顿难以言述，好在艰难时刻皆已过去，相信未来一定能见到彩虹！

这套书的顺利面世，需要感谢的人很多。首先，要感谢丛书编写团队的每一位作者，正是你们的辛勤付出才迎来了现在的累累硕果。其次，要感谢武汉大学新闻与传播学院的强月新院长、洪杰文副院长的大力支持。强院长不仅平时十分关注丛书的编写，还在百忙之中为本套丛书撰写了序言；洪副院长作为本套丛书的副主编，参与了丛书编写过程中不少具体事宜，并提出了建设性意见。最后，要感谢科学出版社的来豫蓉女士、陈亮先生、鄢德平先生、张宁女士、马跃先生、郝静女士等，从出版合同的拟定到具体编辑工作的落实，点点滴滴，处处都留有你们辛勤的身影。

数字营销的研究在国内还处于起步阶段，没有现成的研究成果可以借鉴，书中的不妥之处，恳请各位读者批评指正。

周茂君　于武昌珞珈山

2019 年 10 月

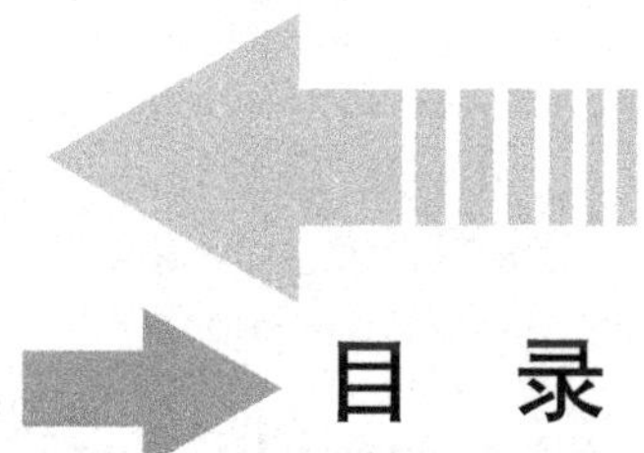

目 录

第一章　品牌与数字品牌营销

毋庸置疑，数字技术正在深刻地改变着营销传播活动。“自从 1991 年第一家网站（http://info.cern.ch）开通以来，企业的营销活动和业务都已经被网络以及数字媒体所改变。目前，全世界已经有超过 10 亿人在日常借助网络来搜索商品、进行娱乐活动甚至于寻找伴侣，消费者的行为以及公司开展业务的方式都已经发生了翻天覆地的变化。”[①]在这样的背景下，对品牌所有者而言，必须考虑在数字时代品牌营销面临着的新问题，例如，如何在市场上打造新的品牌，如何利用互联网来确立品牌，怎样才能使品牌扩张获得成功，怎样测定品牌价值，如何处理企业品牌与特定商品品牌之间的关系，等等[②]。要解决这些问题，品牌营销从战略到策略都亟待变革。

第一节　数字技术对品牌营销的改变

品牌，在美国市场营销协会（American Marketing Association，AMA）的定义中，是指使一个销售商的产品或服务能够被识别／区别于其他竞争对手的名称／术语／设计／符号或任何其他的特征（A brand is a “name，term，design，symbol，or any other feature that identifies one seller’s good or

① 查菲 D，埃利斯-查德威克 F. 网络营销：战略、实施与实践. 马连福，高楠，等译. 北京：机械工业出版社，2015：1.
② 仁科贞文，田中洋，丸冈吉人. 广告心理. 上海：外语教学与研究出版社，2008：1.

service as distinct from those of other sellers.”）[①]。从这个定义不难看出，品牌的重要意义在于其识别性。现代意义上的品牌历史并不算久远，然而，随着社会的发展和进步，商品经济的发展带来了产品的极大丰富，对企业而言，要想在激烈的市场竞争中立于不败之地，必须让品牌的价值不断凸显出来。自 20 世纪 90 年代以来，品牌一直是营销和广告界讨论得最为广泛的话题之一。通过电视、广播、报刊、户外广告等传统媒体的不断传播和各种营销活动的开展，消费者生活在一个具有丰富品牌信息的时代中。在品牌的营销传播过程中，品牌所有者想尽办法，试图将品牌形象镌刻在消费者的心智之中。随着时代的发展和技术的进步，新的媒体和新的营销推广方式层出不穷，消费者也在发生着巨大的变化。很多品牌在营销推广的思路方面都发生了转变，如运动品牌阿迪达斯曾宣布将不再投放电视广告。这些品牌营销推广思路的转变都在释放着一个信号：在数字时代，品牌问题也必须被重新思考，品牌营销传播面临着转型。

在数字时代，品牌营销转型的驱动力是多元的。首先，数字技术的发展带来了营销平台和渠道的变化。利用互联网技术建立的各种电子商务平台极大地改变了品牌营销的方式。其次，新媒体的迅速发展已经深刻改变了整个媒介生态。互联网时代，移动互联网逐渐取代了传统媒体，成为媒介生态圈中的重要力量。最后，新媒体的发展改变了营销传播的传统模式。在这样的背景下，消费者群体的品牌体验历程、媒介使用习惯、获取信息的渠道都发生了巨大的变化。上述变化必然导致品牌拥有者和营销人员认识到数字技术在品牌营销中的重要作用，并且基于对新技术的深刻认识来谋划品牌营销的战略和策略。由于数字技术给营销、媒介传播模式以及消费者行为和心理带来了重大的变化，这导致了品牌营销战略和策略的数字化转型成为必然的趋势。

一、数字时代电子商务的迅猛发展改变了企业的品牌营销模式

数字时代，电子商务取得了高速的发展，这改变了产品销售、运输、展示的

---

① 在美国市场营销协会官网的营销领域“词典”（AMA Dictionary）栏目中，给出了对品牌进行解释的英文词条，基于对品牌的英文解释，笔者将之翻译为中文。美国市场营销协会给出的品牌定义是品牌众多定义中非常具有代表意义的一种，在品牌相关研究中提及频率很高，https://marketing-dictionary.org/b/brand/。

方式，也改变了消费者的品牌接触点，改善了个性化、定制化服务的水平，并以此为契机改变了企业品牌构建的方式。

在全球用户不断接入互联网的同时，使用互联网购物的需求在各种类型的电子商务平台上得以满足，这些电子商务平台削弱了消费者在购买过程中所受的时空限制。消费者只要拥有电脑、智能手机等设备，具有互联网的接入条件，就能够轻松实现购物；消费者足不出户，只要轻点鼠标，购物活动的全过程都可以轻而易举地完成。这种电子商务的发展给消费者带来了极大的方便，也给消费者提供了更为个性化的服务，彻底地改变了消费者与品牌的沟通路径，消费者与品牌的接触点大部分由线下转为线上。在此过程中，如何优化用户体验、构建品牌形象成为新的挑战。购物网站亚马逊以电商平台的优势，打破了实体书店的库存限制，创造出最为丰富的图书商品目录，全方位满足各类读者需求。与此同时，亚马逊充分运用大数据技术，挖掘每一位消费者的潜在需求，实现了真正的个性化服务，使每一位消费者打开购物页面时浏览的都是基于自己兴趣爱好的专属信息，能够真正享受到专属的购物体验，这种体验给消费者带来的便利性是以往无法想象的。当然，电子商务平台给营销领域带来的改变不止于此，随着数字技术的发展，电商平台进一步实现了全球化的运营，时空的障碍被打破，消费者可以极为快速地获得来自全球的商品和服务，感受全球品牌的魅力。

由此可见，数字时代电子商务平台的发展使很多新颖品牌的线上营销沟通策略的运用成为可能，这些新手段的使用对于品牌形象的构建是大有裨益的，但同时，这些成功的案例也展现出了另一个问题，即企业如何应对电子商务新模式带来的品牌营销战略转型。

二、数字时代新媒体的发展提升了消费者的品牌体验

当下，数字技术以及与之相关联的新媒体的迅速发展已经深刻改变了整个媒介生态，提供了新的品牌信息传播沟通渠道，使消费者品牌体验的提升获得了新的可能性。

进入 21 世纪，传统媒体的生存受到了巨大的挑战。全球范围内，以报纸和杂

志为代表的印刷媒体停刊的消息不断传出，电视媒体的广告营业额也开始下滑。与此相对的，是新媒体的迅速崛起和网民规模的不断扩大。

从全球来看，进入 21 世纪之后，网民人数稳定增长，互联网的渗透力日益增强，尤其是移动互联网，已成为网民接触网络的重要工具。据统计，2018 年全球网民数量已经超过 40 亿人，约 76 亿人中，约三分之二拥有手机，其中超过半数为智能手机[①]。中国的网民数量也呈现出稳定增长的趋势，随着网民数量的不断增加，互联网的影响力持续扩大。2017 年 12 月，我国网民数量达 7.72 亿人，普及率达到 55.8%，超过全球平均水平（51.7%）4.1 个百分点，超过亚洲平均水平（46.7%）9.1 个百分点[②]。从 2015 年起，中国网络广告的市场规模也超过了电视广告的市场规模[③]。与此同时，以智能手机为中心的智能设备应用成了“万物互联”的基础，“移动互联网服务场景不断丰富、移动终端规模加速提升、移动数据量持续扩大”[②]。截至 2017 年 12 月，我国手机网民数量达 7.53 亿人，网民中使用手机上网人数的占比由 2016 年的 95.1%提升至 2017 年的 97.5%，手机不断挤占其他个人上网设备的使用时间[②]。

消费者的产品经验是品牌资产形成的关键。随着数字技术和移动互联网的发展，各种新技术手段的应用使基于数字媒体的消费者体验情境的建构获得了质的飞跃。例如，增强现实（augmented reality，AR）技术和虚拟现实（virtual reality，VR）技术等先进技术被广泛地应用于品牌的营销之中，更好地融合了对不同感官的刺激，使虚拟与现实交织，消费者对品牌的线上接触形式不再局限于阅读文字信息，观看图片或视频，这给消费者带来了更好的体验。又如，运用 AR 技术的网络游戏《口袋妖怪》（*Pokemon Go*）将现实元素运用到游戏中来，使玩家们走上街头，运用手机摄像头捕捉城市中的各种口袋精灵，成为风靡全球的一款现象级游戏。淘宝近几年策划的“双十一”相关活动，应用 VR

① 2018 全球数字报告. http://www.sohu.com/a/231226247_99934049，2018-05-11.

② 中国互联网络信息中心. 第 41 次《中国互联网络统计发展报告》. http://www.cnnic.net.cn/hlwfzyj/hlwxzbg/hlwtjbg/201803/t20180305_70249.htm，2018-03-05.

③ 2016 互联网女皇报告：印度超美国成全球第二大互联网市场. http://tech.qq.com/a/20160602/001331.htm#p=17，2016-06-02.

技术和 AR 技术，使消费者在网络购物中获得了前所未有的感知和体验，促进了消费者的购买决策和行为。

三、数字时代消费者媒介使用习惯发生巨变

在新媒体环境下，消费者的媒介使用习惯已经产生了巨大的变化，互联网日益取代传统媒体，成为消费者不可或缺的信息来源和沟通渠道，甚至改变了很多消费者的生活方式，带来了消费者品牌体验历程的巨大变化。

随着网民数量的不断增长，互联网时代的消费者在媒介使用习惯层面已经发生了颠覆性的变化，消费者的媒介接触行为日益碎片化、圈子化，社交媒体成为网民获取信息的重要渠道。We are social 和 Hootsuite 2017 年的统计数据显示，世界各地使用社交媒体的人数已经超过了 30 亿人，而 Facebook 的月活跃用户已经达到 20.6 亿人，也就是说，全世界三分之二的社交媒体使用者都在用 Facebook[①]。同时，随着 WEB 2.0 时代以来社交媒体和自媒体的不断发展，消费者的主动性得到不断的增强，电通公司提出了在互联网和无线互联网时代的消费者行为模型——AISAS 模型。AISAS 模型与传统的消费者受到广告传播影响的经典行为模式 AIDMA 相比，更强调消费者的主动性。在 AIDMA 模型中，消费者的购买行为由五个阶段构成，即注意（attention）、兴趣（interest）、欲望（desire）、记忆（memory）、行动（action）。不难看出，在 AIDMA 模型中，消费者处于相对被动的地位，企业考虑的是如何通过营销推广活动，吸引消费者的注意，进一步勾起他们对品牌的兴趣和欲望，最终促成消费者的行为。而在 AISAS 模型中，这个行为模式则分别是引起注意（attention）、引起兴趣（interest）、进行搜索（search）、购买行动（action）和分享（share）这五个阶段。消费者行动之前的搜索环节和使用产品后分享环节的出现充分显示了消费者在新媒体环境下的主动性。消费者不再被动地接收品牌所传达的信息，而是主动地在互联网上搜索基于自己的个性化需求的相

① 全球社交媒体使用习惯报告：20 亿人共同的杀时利器是…. http://dy.163.com/v2/article/detail/CRQKNRAS05118VJ5.html，2017-08-14.

关信息。同时，也是更为重要的一点是，消费者成了信息的产生者和发布者，他们会将自己对品牌的使用体验在互联网上进行分享，进而形成网络口碑。消费者能够成为信息传播的源头，这应当成为数字时代品牌营销传播活动要考虑的一个重要事实。随着移动互联网的进一步普及，研究者进一步提出了反映消费者用户行为和消费触点变化的SICAS模型，在SICAS模型中，消费者行为进一步演化为全新的五个阶段：感觉（sense），引起兴趣并进行互动（interest&interactive），连接和沟通（connect&communicate），购买行动（action），以及分享（share）。在这一模型中，互动、连接和沟通的过程被提出和强化，反映了在移动互联网时代，消费者在产生购买行为之前会与品牌信息的发布者及其他用户进行充分的互动和沟通，还会在与品牌接触的过程中主动分享自己的体验和感受，消费者与品牌之间的联系变得更加复杂。消费者之间通过社交媒体平台产生交流，给消费者提供了更加丰富的多向沟通和互动路径，这种互动、沟通与分享的行为给传统由点到面、单向度的品牌营销沟通行为带来了巨大的冲击。

面对数字技术和新媒体的发展，黄升民指出："占据主导地位的大众消费正分崩离析、逐步瓦解，取而代之的是小众化、碎片化消费。"而消费的变革，必然"推动着数字新媒体营销的不断成熟与发展"[①]。这种数字技术下的新媒体营销的不断成熟与发展反映在企业的视角，就演变为对数字品牌营销越来越强烈的需求。随着数字技术和新媒体的不断发展，企业已经广泛展开了对数字品牌营销的尝试和实践。广告是品牌形象构建的重要信息传播渠道，众多企业目前已经将注意力由传统媒体转向新媒体。2013年，美国网络广告收入达到428亿美元，同比上涨17%，首次超过了长期在广告营收中排名第一的电视广告收入[②]，互联网广告也逐渐开始撬动传统电视广告一统天下的格局。更为重要的是，在美国，一向被视为广告商们最为重视并投入巨资的年度橄榄球"超级碗"赛事也因此受到了影响。因智能手机和社交网络的快速崛起，从2012

---

① 中国传媒大学广告主研究所. 新媒体激变：广告"2.0时代"新媒体真相. 北京：中信出版社，2008：1.

② 36氪. 2013年美国互联网广告收入首次超过广播电视广告. http://36kr.com/p/211116.html，2014-04-11.

年开始，“超级碗”赛事广告11月预售、1月末或2月初直播时放出广告的节奏被打乱。在传统媒体时代，超级碗的吸引力不仅仅在于球赛，品牌斥巨资拍摄的精彩广告对于观众也具有巨大的吸引力。观众会在比赛直播时充满好奇同时也津津有味地观看各品牌当年的广告又呈现了什么新点子。当进入社交媒体时代后，品牌传播的竞争更为激烈。广告主们会在超级碗直播之前就展开充分的预热、炒作，以求得更多的消费者关注。另外，广告主也发现，想要凭借超级碗直播中30秒、60秒的广告吸引消费者越来越困难。而新媒体技术却给品牌与消费者的沟通带来了更多的可能性。从这个角度讲，新媒体技术撼动了超级碗直播广告的地位。品牌逐步将传播的重心放在了新媒体渠道上①。在中国，广告主对数字营销传播的青睐也清晰地显现出来。2014年，中国网络广告的营收规模达到1 540亿元，同比增长40%，远远超过同期电视广告的营业额（1 200亿元）②。同时，百度的广告收入也在2013年追平并在2014年超过了央视的广告营收。

在新媒体时代，对品牌所有者和营销人员而言，他们能够选择的媒介渠道与传统媒体时代相比，也有了质的变化。在传统媒体时代，企业通过购买电视、广播、报纸、户外广告等媒体的版面或时间进行广告的投放，以实现对消费者的信息传播。在新媒体时代，品牌所有者与营销人员则拥有三种主要的媒介渠道，即付费媒体（paid media）、免费媒体（earned media）以及自有媒体（owned media）。付费媒体在传统媒体时代是最为强势和有效的。然而，随着新媒体的发展，品牌所有者与营销人员已经在大量的实践中发现了包括各种社交媒体在内的免费媒体以及自有媒体在营销传播中的价值。例如，小米公司在手机营销的过程中，充分使用了品牌网站，建立并精心维护消费者论坛，还通过品牌的社交媒体账号以及CEO（chief executive officer，首席执行官）雷军的社交媒体账号与消费者互动进行产品的营销，并通过这些平台与消费者保持持续沟通，构建品牌与消费者之间的良好关系。随着互联网的进一步发展，势必会有越来越多的企业

① 超级碗上的移动广告. http://finance.sina.com.cn/leadership/mroll/20150210/000721512505.shtml，2015-02-10.

② 中国报告大厅. 2014 年我国互联网广告市场规模数据分析. http://www.chinabgao.com/k/hlwgg/17156.html，2015-05-29.

像小米一样认识到自有媒体、免费媒体的优势，并通过对自有媒体和免费媒体的运用，实现与消费者之间的有效沟通。

一句话，数字技术对品牌营销的改变是全局性、本质性的改变，因而，数字品牌营销所面临的转型也是从战略到策略的全方位变革。本书将立足于变革的视角，深入探讨在数字时代应当如何做好品牌营销这一问题。

第二节　品牌概念及相关理论

随着全球经济的发展，品牌受到的关注与日俱增。全球每年都有无数的品牌资产排名，人们能够直观地认识到品牌在市场中的价值，品牌因而成了人们关注和讨论的热门话题。品牌拥有者都希望通过正确的决策，实现品牌资产的保值增值，促使品牌健康发展。基于这个目标，数字时代的各种新的媒介技术手段和理念被应用到品牌的建构过程中。为讨论数字技术对品牌营销的影响，首先必须厘清品牌的概念，梳理品牌营销相关理论的发展脉络，为讨论数字品牌营销问题打下基础。

一、品牌的概念

品牌的概念由来已久，保罗·斯图尔特认为："品牌被用来区分不同生产者的产品由来已久。实际上，英语'品牌'（brand）一词源于古挪威语的'brandr'，意思是'打上烙印'。"[①]品牌最早的应用则是源于中世纪的庄园主和畜牧业者，为了区分和识别牲畜的归属，他们在各自的牲畜身体上烙印各自的标记，以表明自己牲畜的所有权[②]。在现代经济发展的过程中，商标和品牌的发展对工业经济的发展而言具有更为重要的意义。在 19 世纪 80 年代之后，美国的产品制造商为了在激烈的市场竞争中取胜，抛弃了之前使用大包装散卖商品的经营形式，开始采用独立小包装加上标准化、方便识别的商标的新形式销售商品。这种变

① 斯图尔特 P. 品牌的力量. 尹英译. 北京：中信出版社，2000：2.

② 朱红亮. 品牌概念的发展嬗变. 西北师大学报（社会科学版），2009，46（4）：118-120.

化首先出现在专利药品行业，他们首先尝试对商标和品牌的推广。此后，烟草、食品、化妆品等行业中品牌产品大量涌现。其中最为成功的案例之一就是美国俄亥俄州拉文纳的燕麦生产商亨利·帕森·克罗威尔，他把自己的产品叫作“桂格燕麦片”，并在1877年注册了“穿桂格服装的男人形象”商标①。自此，在美国，品牌商品大量涌现。品牌产品的涌现一方面使消费者能够在市场中将来自不同生产商的产品分辨出来，另一方面也为广告营销行业的发展带来了契机。这是因为，在商品以无商标的大包装形式售卖时，消费者无法区别不同企业生产的产品，企业也无从推广自己的产品。当小包装加上商标的商品售卖形式出现时，消费者辨认不同企业的产品具有了可能性，企业对产品的推广也有了着力点。在此基础上，现代品牌的概念逐渐成形、成熟。

20世纪50年代，大卫·奥格威首次提出品牌概念：品牌是一种错综复杂的象征——它是产品属性、名称、包装、价格、历史声誉、广告方式的无形总和，品牌同时也因消费者对其使用的印象以及自身的经验而有所界定②。发展到20世纪80年代，企业和营销学者们已经逐渐认识到品牌在市场竞争中的重要意义。美国营销学者拉里·莱特在谈到未来营销趋势时说道，未来的营销是品牌的战争——品牌互争长短的竞争。商界与投资者将认清品牌才是公司最珍贵的资产……拥有市场比拥有工厂重要多了。唯一拥有市场的途径是先拥有具有市场优势的品牌③。此后，很多学者都对品牌的概念进行了界定和分析，综合这些定义，可以看出，品牌概念主要包含下面三个维度。

（一）品牌存在的基本作用就在于区分和辨认

无论是最初农场主给牲畜烙印独特的记号，还是亨利·帕森·克罗威尔在1877年注册“穿桂格服装的男人形象”商标，甚至是如今iPhone苹果标识、耐克的钩子图形、麦当劳的金色标识和小丑形象，其共同作用就是帮助消费者识别，使消费者能够将不同企业生产的产品或提供的服务区分出来。从前文提

① 斯隆 D. 美国传媒史. 刘琛，等译. 上海：上海人民出版社，2010：302.

② 舒咏平. 品牌传播教程. 北京：北京师范大学出版社，2013：2.

③ 朱红亮. 品牌概念的发展嬗变. 西北师大学报（社会科学版），2009，46（4）：118-120.

到的美国市场营销协会所给出的品牌定义中，可以鲜明地看到，美国市场营销协会强调了品牌作为“标识”用于区分和辨认不同产品的功能。营销大师菲利普·科特勒也认为，品牌可以从属性、利益、价值、文化、个性、使用者这六个方面向消费者提供可资辨别的出售者的信息[①]。在日常生活中，我们不难发现，当我们走进超市，面对琳琅满目的商品时，品牌的存在使我们能够将不同的产品区分开来。在现代社会里，一个没有品牌知识的人在进行购买决策时，会遇到很多困难。

（二）品牌构建了一种复杂的象征和整体形象

对品牌的概念持此种观点的代表人物是大卫·奥格威。他认为，最终决定品牌市场地位的是品牌的总体形象，而不是产品间微不足道的差异。因此，为品牌树立一个突出的形象就可以使商家在市场上获得生存发展空间和利润[②]。在大卫·奥格威对品牌的界定中，他突破了品牌名称和标识的局限，不局限于产品之间实际存在的差异，突破性地指出品牌是消费者通过其认知活动所形成的复杂形象，这一形象是非常丰富的。日本学者仁科贞文对品牌的界定也延续了这种观点，他认为，品牌之所以成为品牌不仅仅是因为它的名称，还包含视觉及听觉的象征、形象代言人、包装、服务的方式、氛围及顾客的经验，以及广义上的“营销人员面向市场发出的刺激”等。这些刺激并非个别存在，而是被综合起来让我们感知品牌的存在[③]。大卫·奥格威基于自己对消费者的深入了解提出了这一观点。事实上，很多时候消费者并不是基于对产品质量和功能的实际差异做出的购买决策，他们会基于自己对品牌的印象，如“这个品牌很有个性”“我喜欢这个品牌的风格”等原因做出购买决策。这种印象就是品牌在长期发展中所展现出来的总体性格，消费者对这种总体性格的感知和认识的形成是非常复杂的。尤其重要的是，品牌形象是存在于消费者心智当中的。我国学者何佳讯也认为，消费者对产品感受的总和，才称品牌[④]。换言之，呈现在消费者

---

① 科特勒 P. 营销管理. 梅汝和，梅清豪，周安柱译. 北京：中国人民大学出版社，2001：486.

② 朱红亮. 品牌概念的发展嬗变. 西北师大学报（社会科学版），2009，46（4）：118-120.

③ 仁科贞文，田中洋，丸冈吉人. 广告心理. 上海：外语教学与研究出版社，2008：3.

④ 何佳讯. 品牌形象策划——透视品牌经营. 上海：复旦大学出版社，2000：10.

认知中的品牌形象，决定了真正的品牌价值。

（三）品牌界定了企业和消费者之间的关系

提出这一观点的代表人物是美国西北大学教授唐·舒尔茨。唐·舒尔茨认为品牌是用来界定买者和卖者之间关系的，而这种关系又可以通过多种形式表现出来。"一个成功的关系，就等于一个成功的品牌"①。从这种观点出发，消费者在品牌构建中的意义被进一步凸显出来——消费者如何认识和看待品牌与自身的关系才是关键性的因素。一旦品牌与消费者之间构建了良性的、稳定的关系，品牌就能够获得真正的成功。这也需要企业真正理解消费者，从消费者的角度出发，与消费者共建良好的关系，真正有价值的品牌构筑才有了重要的基石。

随着品牌营销实践的不断发展，在学术研究领域，品牌理论的相关研究也开展得如火如荼，并随着品牌营销环境的不断变化而快速发展。

二、品牌理论的演进

随着营销传播环境的不断演进与发展，品牌相关的营销实践成为支撑企业竞争力提升的重要力量，在营销学、广告学、心理学等相关学科共同关注下，品牌相关理论也在不断演进与发展。卢泰宏等学者梳理了品牌理论发展的过程，指出在 1931 年宝洁公司的麦克尔·罗伊提出品牌经理制以来，品牌理论研究经历了五个阶段：品牌阶段、品牌战略阶段、品牌资产阶段、品牌管理阶段、品牌关系阶段②。在不同的研究阶段，一些具有典型意义的理论范式的出现和发展对品牌营销的实践提供了更多思考的维度和更为广阔的拓展空间。20 世纪 50 年代，品牌概念的内涵和外延被深入地讨论和确认。20 世纪 60 年代开始，大卫·奥格威提出了品牌形象（brand image）理论，强调了独特的品牌形象和品牌个性的重要价值。20 世纪 80 年代末到 90 年代初，品牌资产的相关研究逐渐成为热点，以大卫·艾克为代表的学者提出了品牌资产理论。20 世纪 90 年代以来，关系营销的

① 李世丁. 整合致胜：打造强势品牌的锐利武器. 广州：广东经济出版社，2001：73.

② 卢泰宏，吴水龙，朱辉煌，等. 品牌理论里程碑探析. 外国经济与管理，2009，31（1）：32-42.

概念被应用于品牌研究中，Research International 市场研究公司的 Blackston 较早地提出了品牌关系理论，品牌关系（即消费者与品牌之间的关系）理论聚焦了品牌研究者的关注。

（一）品牌形象理论

1962 年，被称为“广告教皇”的美国著名广告人、奥美广告公司的创始人之一大卫·奥格威基于自己长期的广告实践，总结提出了品牌形象理论。品牌形象理论的提出使企业和营销人员对品牌问题的认识上升到战略高度。大卫·奥格威在《一个广告人的自白》一书中以专门一章的笔墨描述了形象与品牌的问题，提出了品牌形象理论。他认为，广告传播的本质绝不仅仅是为了当下销量的增加，而应当有更为长远的眼光：“每一则广告都应该看成是对品牌形象这种复杂现象在做贡献。如果你具有这种长远的眼光，许许多多日常的麻烦事都自会化为乌有”[①]。在大卫·奥格威看来，随着市场经济的发展，商品日益丰富以及商品的同质化现象导致了消费者选择的困难，在这样的背景下，品牌形象的价值被逐渐凸显出来。“品牌和品牌的相似点越多，选择品牌的理智考虑就越少。各种品牌的威士忌、香烟或者啤酒之间并没有什么了不起的差别，大体上都差不多。”[②]因而，“致力以广告为自己的品牌树立明确突出个性的品牌商会在市场上获得较大的占有率和利润”[③]。换言之，消费者识别不同产品的原因并不是产品之间微乎其微的实际差异，而是品牌形象、品牌个性的不同，消费者最终做出的购买决策是基于对品牌形象的认知。正因为此，对企业而言，品牌形象的构建工作应当上升到战略的高度。

在大卫·奥格威的广告实践中，很多案例都证明了构建鲜明的品牌形象具有重大意义。哈撒韦（Hathaway）衬衫公司是美国缅因州一座小城里的企业，其产品在 100 余年的时间里默默无闻。大卫·奥格威经过反复的考虑后，在拍摄哈撒韦衬衫平面广告的路上，跑到药店购买了一个价值 1.5 美元

① 奥格威 D. 一个广告人的自白. 林桦译. 北京：中国物价出版社，2003：132.
② 奥格威 D. 一个广告人的自白. 林桦译. 北京：中国物价出版社，2003：133.
③ 奥格威 D. 一个广告人的自白. 林桦译. 北京：中国物价出版社，2003：134.

的眼罩。戴眼罩的模特身着哈撒韦衬衫的形象一下子使品牌的形象鲜明起来，哈撒韦衬衫的品牌形象因此为人所知。此后，大卫·奥格威继续使用这一识别度极高的模特形象，让戴眼罩的模特作为品牌标志反复出现在各种场合，不断加强受众对品牌的印象，推动了消费者对哈撒韦品牌形象的认识，进而推动了哈撒韦衬衫的销量奇迹。衬衫的质量并没有变，只是戴眼罩的男模特的形象使哈撒韦衬衫品牌的形象一下子生动鲜活了起来，因而，百年老品牌在消费者的心智中不再面目模糊。由此可见，树立鲜明的、可识别的品牌形象对于企业而言，是关键性的工作。

（二）品牌资产理论

在品牌理论研究进一步深化的阶段，品牌资产理论研究成了新的、重要的学术热点领域。品牌资产理论的提出被认为是品牌理论领域最大的进展，也表明该领域达到了一个新的高峰[①]。大卫·艾克于 1991 年撰写了《管理品牌资产》一书，他在书中提出了品牌资产理论，他认为品牌资产可以增加或减少产品或服务对企业或顾客的价值，是品牌知名度、品质认知度、品牌联想度和品牌忠诚度等各种要素的集合体[②]。关于品牌资产的构成要素模型，Keller 于 1993 年提出了经典的 CBBE（customer-based brand equity，基于消费者的品牌价值）模型，这种模型在此后的品牌研究和实践中被广泛应用。CBBE 模型包括品牌识别、品牌含义、品牌反应、品牌关系四个重要组成部分。Keller 也在后来的研究中进一步指出，有五个方面的因素能影响顾客层面的品牌资产，按照重要程度排序依次是品牌认知（从品牌再认到品牌回忆），品牌联想（包括有形的和无形的产品或服务因素），品牌态度（从接受到吸引），品牌依附（从忠诚到痴迷），行动（包括购买、消费频率、对营销活动的介入以及口碑传播等）。Keller 从消费者的视角强调了品牌资产的来源，认为品牌资产是顾客品牌知识对于营销活动的差异化反应[①]。

---

① 卢泰宏，吴水龙，朱辉煌，等. 品牌理论里程碑探析. 外国经济与管理，2009，31（1）：32-42.

② 李静，王其荣，陈朝晖. 品牌理论研究综述. 企业改革与管理，2012，（11）：12-13.

品牌资产理论提出了品牌知识、品牌资产等新概念，指出品牌资产就是消费者关于品牌的知识，它是有关品牌的所有营销活动给消费者造成的心理事实，说明了品牌资产中核心的部分是依附于消费者的，而非依附于产品的；品牌资产是以品牌名称为核心构建的无形资产，其中也存在着正面资产和负面的问题。消费者对于品牌的一次糟糕体验或者是品牌的相关丑闻都会影响品牌消费者心智中的形象从而产生关于品牌的负面资产。另外，随着品牌营销活动的开展和营销环境的变化，品牌资产也是不断变动的。尤为重要的是，相较于较为平面化的品牌形象理论，品牌资产理论可以帮助品牌持有者以及营销人员更好地理解关键性问题，即品牌资产是怎样构成的。基于此，品牌持有者和营销人员会在实践层面更多地将消费者对营销传播活动的反应作为重要的考量指标，毕竟，品牌资产主要依附于消费者。

（三）品牌关系理论

自 20 世纪 90 年代 Blackston 提出品牌关系概念模型开始，品牌理论的研究重点开始聚焦于品牌与消费者之间的关系。美国学者 Duncan 认为塑造、维护和强化品牌关系是过程论营销的核心问题。唐·舒尔茨也认为，“品牌其实是相当简单的。品牌是用来界定买者和卖者之间关系的，而这种关系又可以通过多种形式表现出来。”[①]卢泰宏和周志民认为，品牌关系理论的提出有五个方面的背景，分别是体验经济的到来、品牌的消费者导向、关系营销的盛行、顾客关系资产的认同、品牌个性的奠基性研究[②]。

Blackston 在 1992 年根据人际关系交往的原理规范了品牌关系的定义，认为品牌关系就是“消费者对品牌的态度和品牌对消费者的态度之间的互动”。1995 年，Blackston 提出了品牌关系模型，并在模型中将品牌区分为主观、客观两个方面，他将品牌关系界定为“客观品牌与主观品牌的互动”，指出品牌关系是品牌的客观面（主要表现为品牌形象，形象有好坏）与主观面（主要表现为品牌态度，

---

① 孙晓强. 品牌关系理论研究综述. 市场营销导刊，2007，（2）：52-55.

② 卢泰宏，周志民. 基于品牌关系的品牌理论：研究模型及展望. 商业经济与管理，2003，（2）：4-9.

态度有正负）这两个维度相互作用的结果[①]。在品牌关系理论相关研究的不断发展过程中，品牌关系被分解为四个主要部分：消费者与品牌的关系（最早被研究的，同时也是最关键的关系）；品牌与品牌的关系；品牌社区关系（消费者之间的关系，在互联网时代尤为重要）；其他品牌关系。

品牌关系理论发展的新阶段是品牌依恋理论。品牌依恋是心理学中的依恋理论与品牌关系理论的结合，反映的是消费者与品牌之间产生的一种心理活动，在这里，品牌在很大程度上被人格化。目前，大多数学者认为品牌依恋就是消费者和品牌之间的情感纽带。唐·舒尔茨认为依恋是自我与特定物品间存在的亲密联系，并首次将依恋理论从心理学领域拓展到营销领域。Park 等学者根据自我概念和品牌个性理论，将品牌人格化，认为品牌同样具有资源供给能力，能够为消费者提供象征性资源、享乐型资源和功能性资源，从而满足消费者的某种特定需求，实现消费者期望的目标和自我价值[②]。

从品牌相关理论发展的历程可以看出，研究者们对品牌概念的认知经历了从简单到复杂的过程，品牌从最初主要用于识别的商标，逐渐演变为更为复杂的“个性”和“形象”，品牌与消费者之间关系的建构和互动的重要性也逐步得到确认。品牌不仅仅是通过鲜明的形象和突出的个性帮助消费者进行识别和辨认，品牌的构建和维系更要依赖于品牌与消费者之间长久关系的保持。数字技术的发展对于品牌营销的发展具有复杂而多元的影响，机遇和挑战并存。新媒体的发展给品牌信息传播带来了更为丰富的传播渠道，媒介的碎片化和受众媒介使用习惯的改变也使品牌信息传播面临更多的噪声。即使是哈撒韦衬衫广告中“戴眼罩的男人”这样卓越的创意，在当今的媒介环境中也可能被巨量的媒介信息淹没。与传统媒介相比，互联网提供了更多的互动和联结的可能性，这种可能性也给品牌与消费者之间关系的建立与维系提供了更大的空间。那么品牌持有者和营销人员要如何应对新的机遇和挑战？这就成为本书试图讨论的核心问题。

---

① 卢泰宏，周志民. 基于品牌关系的品牌理论：研究模型及展望. 商业经济与管理，2003，(2)：4-9.

② 储林. 品牌依恋的相关理论研究述评. 赤峰学院学报（自然科学版），2017，33（11）：79-81.

第三节 数字品牌营销概述

如前文所述，在数字时代，由于竞争环境日益复杂，媒介环境也发生了剧变，消费者在市场营销中的地位也因此发生改变，在这样的背景下，品牌营销领域面临着巨大的挑战和机遇。在进一步深入讨论问题之前，我们有必要厘清基本概念，同时也将进一步梳理本书试图阐明的一些问题。

一、数字品牌营销概念

在探讨数字品牌营销问题之前，首先要厘清“数字技术”这一概念。在 1997 年出版的《数字化生存》一书中，尼葛洛庞帝率先提出了数字化的概念，他认为，数字化指的是“物质原子”被“数字化比特”代替，他还抛出了包括报纸、电视等传统媒体在内的人类体验最终都将数字化的观点。而在《大汇流：整合媒介信息与传播》这本著作中，数字化进一步被界定为：信息能够被计算机存储和处理，也可以不失真地被传递，整个传输系统是交互式的。数字化的信息涵盖所有内容，包括音视频和数据信息等[①]。不难发现在数字化这一概念中不断被提到的一个问题，即要将包括人类体验在内的复杂信息形式进行数字化处理。而这种数字化处理与计算机技术是相伴相生的。

事实上，数字技术指的是一项与电子计算机相伴相生的技术，是指借助一定的设备或手段，将各种信息转化为计算机能够识别的二进制数字后进行加工、存储、传输、还原的技术。随着数字技术的不断发展，在数字化时代的今天，互联网已成为人与世界连接的方式，甚至是人们生存的方式。在营销领域，尽管有细微的差别，但“数字营销”与“网络营销”这一组概念经常被混用，戴夫·查菲的著作 *Digital Marketing* 的中译名直接被意译为“网络营销”。

那么，“数字品牌营销”探讨的究竟是“数字品牌”的营销之道，还是“数字

---

① 宋若涛. 数字技术下广告的发展演进研究. 武汉大学博士学位论文，2014：4.

化”的“品牌营销”问题呢？从营销实践出发，通过对品牌的分析发现，直接对品牌领域进行“数字品牌”或“非数字品牌”的二分法是不科学，也就是说，没有纯粹的“数字品牌”或是“非数字品牌”。当下，一些新兴企业诞生于互联网时代，其提供的产品或服务在很大程度上依托于数字技术，如搜索引擎、社交媒体产品、网络游戏等。但是，即便如此，我们也难以将这类品牌界定为“数字品牌”。这是因为，即使是像谷歌这种互联网世界的原生品牌，也并不能在虚拟世界中完成其与消费者之间所有的互动，品牌仍然需要线下的营销沟通活动来实现其品牌形象的构建，维系品牌与消费者之间的关系。另一个案例是小米，小米企业给自己的定位一直是一家互联网公司，但是，在其小米品牌的推广过程中，也使用了传统电视广告的方式来说明品牌的主张和价值观。小米公司分别在 2014 年、2016 年、2018 年的中国中央电视台春节联欢晚会的黄金广告时间推出了三支电视广告片说明品牌的主张，三支广告分别是《我们的时代》《去探索》《你向往的美好生活》，一步步向消费者说明品牌的愿景：让每个人都能享受科技的乐趣。传统品牌也开始积极地将数字技术应用到品牌的发展过程中，运用更为丰富的手段，强化品牌与消费者之间的沟通和关系。例如，奥利奥是一个创始于 100 多年前的饼干品牌，但奥利奥也在不断创新，它采用了各种数字技术及新媒体平台优化、重塑自身的品牌形象。很多奢侈品的品牌形象立足于稀缺性和神秘感以凸显其不平凡的品质，因此，在互联网诞生后很长一段时间里，奢侈品品牌对互联网的运用是犹豫甚至抗拒的态度。但是，随着互联网的普及，越来越多的奢侈品品牌都认识到，排斥互联网和数字技术无疑是不明智的，因此，越来越多的奢侈品品牌在营销和推广活动中运用了数字技术。既然无论是谷歌、小米、奥利奥还是一众奢侈品品牌，都必须同时运用各种线上、线下的手段来全方位地实现品牌建设、维系的工作，那么对“数字品牌”和“非数字品牌”进行区分的意义又何在呢？更何况，当下，很多品牌都思考如何融合新媒体和传统媒体，通过多屏互动的方式，开展创新性的品牌营销传播活动，取得突破性的效果。由此可见，在当下的营销传播环境中，多种媒体交织、融合，为品牌营销传播带来了新的思路。数字营销领域的专家戴夫·查非认为，对营销而言，数字时代所带来的变革就在于不断会有新的技术、新的业务模式和新的沟通方式出现。他还指出，数字营销就是指通过数字技术实现营销目标[①]。也就是说，数字技术的发展的重要意义在于使品牌营销沟通获得更为丰富的手段和路径，当然，也使品牌所有者面临更为复杂的竞争环境。与传统时代相比，品牌的运营和发展的思路和方法都应有所调整。基于此，本书所要讨论的核心问题就是：如何利用数字技术进行品牌营销。这一问题还将进一步演化成，与传统时代相比，数字时代的品牌营销有什么不同？品牌拥有者以及营销人员应当如何看待这些不同？如何合理运用数字技术开展成功的品牌营销传播活动？

结合品牌营销的不同视角和理论，本书将着重讨论的问题有：①数字品牌营销的环境分析；②如何创新性地利用多种丰富的数字媒体渠道开展品牌建构的工作；③数字时代如何打造在线顾客体验；④利用数字传播渠道的互动性特点，构建、维系、改善、修复品牌与消费者之间的关系；⑤如何在数字时代，整合各种工具和渠道，打造品牌形象；⑥在大数据时代，品牌如何带给消费者个性化、定制化的体验。

本书也将以这些问题为导向，结合具体内容和案例，为数字品牌营销理论和实践的发展提供思路。

二、数字品牌营销的特征

数字技术的发展和应用使品牌营销表现出新的特征，主要表现在六个方面：第一，新媒体的运用使得品牌与消费者之间的互动成为可能；第二，品牌与消费者之间关系的建构成为品牌建设的重点之一（社交媒体、社区等）；第三，丰富的品牌信息传播与沟通渠道使创意可能性被空前放大；第四，数字技术的发展使消费者的体验日臻完善（技术发展打造新的体验可能）；第五，媒介渠道的增多尤其是自媒体的发展使消费者主动性增加，信息渠道及信息传播主体的双重多元化使得品牌构建工作变得更为复杂；第六，大数据技术的应用使精准营销成为可能，品牌经营的个性化、定制化潜力无穷。

---

① 查菲 D，埃利斯-查德威克 F. 网络营销：战略、实施与实践. 马连福，高楠译. 北京：机械工业出版社，2015：6.

（一）互动性

数字媒体时代的到来为品牌与消费者之间充分的互动和沟通提供了可能。在传统媒体时代，品牌与消费者之间的互动有着巨大的障碍，这是因为，依托于传统媒介的品牌信息传播模式主要是单向的，无论是通过电视、广播等电子媒体进行传播，还是通过报纸、杂志等印刷媒体进行传播，收集受众的反馈是极为困难的。然而在数字媒体时代，移动互联网的应用使消费者的互动能力大大增强，品牌也能及时获得消费者的反馈信息，甚至与消费者产生持续的对话。例如，在网易云音乐平台上，歌迷们在收听一首歌之后能够即刻将自己对于此歌的评价发表在这首歌的收听页面上，歌迷们还能在平台上进行讨论，并将歌曲的链接通过各种社交媒体平台发送给自己的亲朋好友。在小米产品的论坛或者是在小米品牌的微博下，消费者也能对产品的使用感受进行讨论。在美国数码产品零售商百思买（BEST BUY）的案例中，该品牌通过在 Twitter 上建立名为“Twelpforce”的账号，激励全体员工通过社交媒体平台，全天候 24 小时回复消费者关于数码产品的任何疑问，消费者也可以通过搜索关键词的方式，随时浏览自己感兴趣的内容。当下，品牌和消费者通过各种数字媒体平台搭建便捷的互动渠道易如反掌，品牌在营销传播的过程中也越来越重视与消费者之间的互动。相比于单向传播，互动显然能够使消费者更为深刻地参与到品牌营销活动中来，品牌能够即时收集消费者对营销传播活动的反馈，并在此基础上做出回应，这将有利于企业判断营销活动的效果并对营销活动进行进一步改善。

（二）品牌与消费者关系的建构成为品牌建设重点

随着品牌理论的发展，消费者与品牌之间的“关系”成为关注的重点。从“关系”建构的角度出发，将品牌人格化，打造品牌拟人化的形象是一个很重要的切入点。在数字时代，随着社交媒体的发展，品牌的人格化有了新的发展方向。例如，品牌可以通过在社交媒体上建立个性化的品牌账号，与消费者展开长期的、稳定的、拟人化的沟通。绝大部分的品牌都在社交媒体上建立了账号。在对这些账号的经营中，很多企业从自身拥有的品牌形象出发，通过对发布信息的语言风格、图片调性等方面进行构思，悉心打造了品牌账号的风格。有些品牌通过官网、社交媒体账号等新兴媒体渠道打造了具有强烈个性和风格的品牌账号，深受消费者的青睐。以可口可乐的微博账号为例，其微博账号不仅在注册资料的性别一栏中选择了“男性”，还在其所发送的很多条微博中都拟人化地自称“小可”。“小可”在微博中也经常以拟人化的语气与粉丝们进行互动，这种互动与“明星-粉丝”的互动类型相似度极高。无独有偶，专注于婴幼儿产品市场的强生品牌在微博账号中注册性别为“女性”，且经常自称“强妈”发布信息并与关注者进行各种互动。不难看出，品牌在社交媒体账号中拟人化的呈现使品牌与消费者之间的关系进入了全新的时代。消费者可以像关注朋友或者关注名人明星一样关注品牌账号，了解品牌所发布的信息，品牌公众号也能在运营者的操作之下与消费者展开丰富的互动。这种品牌与消费者之间建立的日常的、拟人化的、频繁互动的亲密关系是数字时代所独有的。

官网、品牌社区等数字化平台的出现，使品牌拥有了更为高效的沟通渠道，使得品牌与消费者之间、消费者与消费者之间的关系也得以更好地发展与维系。以乐高为例，在乐高的官方网站上，玩家能够找到用户社区，并以此为契机找到其他有共同兴趣爱好的消费者。在乐高的社区里，消费者还能展现自己的想象力和创造力设计自己的产品，其中的优秀产品会被乐高产品化和销售，设计者还可以从中分成。消费者还能进一步将乐高线上社区的活动发展到线下，通过线下聚会的方式，面对面地享受同玩积木的乐趣。

在这些案例中，无论是品牌打造拟人化的社交媒体账号还是发展品牌社区，或是启用其他平台，我们都能发现数字时代为品牌与消费者之间关系的发展提供了前所未有的便利条件，品牌也对打造“关系”给予了充分的重视。

（三）丰富的品牌信息传播与沟通渠道使创意可能性放大

在数字时代，品牌创意的舞台更大，它能够借助的手段也更为丰富，这使得创意的力量得到了进一步的放大。

一方面，在数字时代，大量各类传播平台的出现为品牌内容的传播提供了廉价、易得的渠道，品牌可以将创意内容通过自媒体进行传播，不受巨额媒介投放费用的限制，品牌视频在创意方面空间更大，传播更为自由。以特斯拉为例，特斯拉以不打广告著称，但事实上，特斯拉在其品牌网站及 YouTube 等平台上投放了大量的品牌视频。这些视频主题多样、内容丰富，围绕着特斯拉不同的产品系列、特斯拉的自动驾驶技术、特斯拉对未来交通状况的设想、特斯拉在不同国家的发展、特斯拉工厂的情况甚至是特斯拉总裁马斯克等进行了充分的展示。打开特斯拉的官网，首页就分为北美、欧洲、中东及亚太四个大区，可以选择 37 个国家的版本的视频进行观看。可以想象，这些大量的视频内容如果投放在传统电视媒体渠道上反复播放，将耗费大量的资金。著名的运动摄像机品牌 GoPro 也是如此，无论在官网上，还是在 YouTube 的品牌专有频道上，都展现了大量的品牌相关视频，点击率极高。品牌相关视频的创意也可以打破篇幅的限制，如著名的苏格兰威士忌品牌尊尼获加（Johnny Walker）的经典广告“行走于世的男人”采用了一镜到底的拍摄手法，创意新颖、制作精良，时长超过了五分钟。金士顿（Kingston）U 盘所拍摄的《记忆月台》《记忆的红气球》等视频广告的时长更是接近十分钟。这种篇幅较长的微电影给创意者带来了更广阔的创意空间和可能性，承载了更为丰富的品牌信息，也给消费者留下了更为深刻的品牌形象。正是由于数字技术和新媒体的发展为品牌提供了大量的免费媒介渠道，才使长视频等广告形式变得普及，也使创意的可能性和空间得到了前所未有的拓展。

另一方面，数字技术的发展使得多屏互动及多种媒体的融合成为可能，广告创意也因此有了更多的“玩法”。例如，可口可乐在进行传统电视广告创意的同时，推出了一个名为“CHOCK”的手机应用。用户将“CHOCK”下载到手机之后，可以在可口可乐电视广告“沙滩特别版”播出时，挥动手机去捕捉广告中出现的可口可乐瓶盖，当广告结束时，手机应用“CHOCK”就会揭晓中奖的情况。这一支“沙滩特别版”的可口可乐广告除了在电视上播出，也在户外广告大屏上播出。年轻消费者围绕着户外广告大屏，齐齐挥舞手中手机捕捉瓶盖的场景蔚为壮观，也吸引了更多路人的关注。丰厚的奖品和新颖的玩法吸引了大量青少年的注意，传统电视屏幕、户外广告屏幕加手机应用的组合方式也体现了广告的创意。

（四）数字技术的发展使消费者的体验日臻完善

一方面，对于品牌与消费者在线上的沟通而言，如何打造身临其境般的情景，使消费者足不出户就能够在虚拟环境中最大限度获得对产品或服务的体验，这是一直以来的难题。在品牌建构的过程中，消费者对产品或服务实际的经验和感受是重要的环节，在传统营销环境下，唯有使消费者与产品发生实际的接触，即通过实地的观察、触摸甚至使用商品，这种经验和感受才可能产生。但随着可穿戴设备及 AR 技术和 VR 技术的发展，消费者线上体验获得了大幅度的提升。2017 年，沃尔沃就为其旗下的产品 XC90 打造了 VR 试驾体验。消费者戴上 VR 眼镜，坐在自家沙发上，就能查看 XC90 车的内部结构和各种先进设备，甚至可以体验在山川河流等各种路况下驾驶 XC90，以此帮助消费者全面地了解沃尔沃 XC90 这款车的具体情况，以及沃尔沃品牌给消费者带来的科技感。当下，很多品牌都为消费者打造了这种在线体验的机会，消费者可以足不出户，就借助各种数字技术手段，身临其境地体验到品牌的特性。

另一方面，品牌试图打造的文化内涵和深层次的意蕴也可以通过 AR 和 VR 来实现。2017 年，欧莱雅品牌推出了一款以勇气为主题的香水“DIESEL”，如何让消费者体会到此款香水想要传达的“勇气”“勇敢”这一主题？为实现这一目标，欧莱雅为这款香水打造了名为“Only The Brave”的高空 VR 体验活动。当消费者戴上 VR 眼镜时，就会发现自己站在纽约高楼外墙非常狭窄的立足处，距离地面几百米高，随时都可能坠楼，场景非常惊悚。消费者必须克服自己内心的恐惧，沿着墙壁行走，越过各种障碍，才能获得代表勇敢的“DIESEL”香水。这种通过 VR 技术营造的情境对消费者而言无疑会留下难忘的印象，也会对以“勇气”为主题的品牌内涵产生深刻的印象。

如果缺乏实际的体验，品牌包含的丰富意蕴对消费者而言是抽象的，就会难以留下深刻印象。随着数字技术的发展，品牌内涵的传达有了更加丰富的手段，通过对这些技术手段的运用，并加上巧妙的创意，消费者能够更为直观地把握品牌所要传达的信息，这对品牌而言是非常有益的。

（五）自媒体的发展使品牌建设面临更为复杂化的环境

自媒体的定义由美国的谢因·波曼（Shayne Bowman）与克里斯·威理斯（Chris Willis）两位学者提出，他们认为“We Media 是普通大众经由数字科技强化、与全球知识体系相连之后，一种开始理解普通大众如何提供与分享他们本身的事实、他们本身的新闻的途径。”[①]也正是因为普通大众经由数字科技强化，自媒体极大地改变了人类社会信息传播和信息获取的方式。自媒体极大地丰富了信息传播的渠道，各种论坛、博客、直播平台、社交媒体的出现使得媒介生态变得极为复杂，传统的大众媒体不再是唯一的信息源头，也不再是普通受众获取信息的唯一渠道。自媒体赋予了普通大众传播信息的可能性。每一位社交平台用户都是一个信息源头，他们能够分享自己的所见所闻所感。以微博为例，每一个微博博主都能成为信息的生产者和发布者。在这样的背景下，企业也获得了更多廉价、易得的营销传播渠道，他们不必完全依靠付费媒体进行营销传播活动，企业的自媒体同样能够实现很好的传播效果。

但是，技术进步带来的变化非常复杂。在传统媒体时代，信息发布渠道少且不易获得，对信息的把控相对来说容易得多。在数字时代，自媒体的发展不仅给企业带来更为廉价和易得的沟通方式，也使消费者拥有了更为便捷的媒介渠道。与传统时代相比，无数五花八门的自媒体的存在使企业对信息传播的控制权大大减弱，他们必须面对更为复杂的信息传播环境。2018 年，一名普通消费者在YouTube 发布了一个视频，该视频内容展示了消费者通过实验，发现谷歌通过麦克风监听用户的日常语音信息，并从中发现可能的商机，据此进行精准的广告投放。这一视频给谷歌的使用者带来了极大的震撼，人们纷纷在该视频下留言，反映他们也有类似的经验，一时间掀起轩然大波。消费者开始考虑自身隐私和信息安全保护的问题，很多消费者也对谷歌提出了质疑。由此案例不难看出，一方面，对于当今的消费者而言，制作视频并进行发布就像家常便饭，成为信息生产者和发布者的门槛越来越低；另一方面，消费者之间也能够通过各种自媒体渠道，对自己感兴趣的信息进行讨论和分析。在此基础上，消费者对品牌信息获取的渠

① 代玉梅. 自媒体的传播学解读. 新闻与传播研究，2011，(5)：4-11.

道变得更为复杂和多元。这两方面结合起来，自然会导致品牌的建构和维系面临更为复杂的状况。

（六）大数据技术的应用使品牌经营走向个性化、定制化

随着计算机技术的不断发展，品牌对大数据的搜集和快速处理成为可能。通过对大数据的获取，充分挖掘消费者的需求，并为消费者提出个性化的服务，这能够极大程度地提高消费者对品牌的满意度。

Netflix 在为消费者提供个性化服务方面提供了非常典型的案例。Netflix 是一家创始于美国的在线电影租赁服务提供商，2017 年，Netflix 被评为全球最具价值品牌的第 92 名。通过复杂的算法系统，Netflix 能够为其超过一亿名用户在庞大的电影片库中进行筛选，根据每一名用户的观看历史和搜索、评论等数据为其推荐电影。但个性化的影片推荐并不是 Netflix 提供的全部服务。Netflix 甚至会根据观影者以往对电影选择的偏好给消费者呈现不同的海报，以吸引消费者观看。例如，如果消费者以往的电影观看偏好是浪漫爱情电影，Netflix 就会截取影片中展现浪漫爱情的画面制成海报。Netflix 的数据处理系统甚至会推测消费者偏爱的电影明星，并在个性化的电影海报中有选择地呈现这些影星的形象。通过这种基于大数据的影片推荐和海报生成与分发机制，消费者能够更好地被说服，同时也更有可能与品牌保持密切的联系。

在传统时代，品牌为消费者提供个性化的甚至是“一对一”的定制化服务是心有余而力不足的，因为这需要极高的成本。数字技术的发展使“一对一”的服务成为可能，甚至成为品牌的标准配置，不仅仅是 Netflix，包括亚马逊、淘宝、京东在内的网站都能实现这种定制化的服务，消费者的品牌体验因此获得大幅度的提升。

三、数字品牌营销中存在的问题

自 1996 年开始，逐渐有企业构建网站，线上呈现也越来越成为企业和品牌发展关注的问题。然而，时至今日，在数字品牌营销中，仍然存在着很多的误区和问题，这些误区和问题在一定程度上阻碍了品牌的构建和发展。

（一）流于表面的数字媒体战略

数字技术的迅速发展使品牌运营者们迅速感知到品牌运营活动面临的竞争环境的变化，建立企业网站，运用社交媒体与消费者沟通等成为目前企业营销沟通的“常规手段”。但是，普遍的应用并不意味着企业能够有效地利用这些新的技术手段。很多企业对新媒体技术的应用是在数字技术发展的大背景下仓促“迎战”，往往流于表面，并未深入把握数字技术的实质，也因此造成了“事倍功半”的效果。

1. “迫于形势”的数字品牌营销布局

在当下，对很多企业而言，其数字品牌营销的布局并不是出于对品牌自身定位、目标消费者特性及品牌长远发展目标的考虑，也没有充分考虑到数字技术及新媒体的本质和规律，而是仓促上马，迫于形势而采取的举动。例如，当竞争品牌利用社交媒体平台获得了消费者的关注和良好声誉时，当其他品牌成功利用了互动手段造成了热门话题时，来自竞争环境中的压力往往导致盲目跟从的行为，追求的是“你有我有全都有”。很多企业在竞争环境和数字技术迅速发展的压力之下，仓促决定，普遍撒网，什么平台流行就启用什么平台，什么技术热门就使用什么技术，根本谈不上科学布局、合理决策，浪费了大量资源，却难以取得令人满意的效果。

2. 疏于管理的数字媒体渠道

很多企业在盲目决策布局数字渠道之后，由于缺乏前期的深思熟虑和充分的准备，在对数字媒体渠道的应用方面往往缺乏长远打算，后继乏力。当一个企业启用了包括自媒体在内的众多新媒体平台之后，后续需要高效的内容生产来填充和支撑这些平台的运营。例如，当一个品牌构建了社交媒体账号之后，需要保持长期高频度的内容更新，才能维系社交媒体账号中呈现的品牌形象，维系消费者对品牌长期的关注。然而高效、高质量、持续不断的内容生产是一种专业性极强的工作，一方面需要有经验的专业的内容生产团队来运营，另一方面，也需要品牌能够充分激发受众在内容生产方面的积极参与。由于很多企业在盲目布局数字渠道之时，并没有充分考虑到后续的发展和管理，这使得很多媒体在对数字媒体渠道的应用方面并未交出令人满意的答卷，这导致网站建设缺乏个性和吸引力，社区疏于管理乏人问津，社交媒体平台的访问者寥寥可数，这些都直接影响到品牌形象的构建和维系。

3. 自说自话的品牌社交媒体账号

随着 WEB 2.0 时代的到来，社交媒体平台的发展引人瞩目。很多企业由于不愿意错过自媒体平台作为重要的传播渠道的资源价值，纷纷积极投身到品牌自媒体平台的运营中来。然而，很多企业并未认清自媒体平台的特性和真正价值，并未做好运营自媒体平台的准备，在思想上也没有对社交媒体平台的运营给予真正的重视。由于这种认知和准备上的不足，企业在社交媒体内容生产方面，往往缺乏专门的人才和有效体制的支持。这导致很多品牌社交媒体平台更新不及时，无法给消费者提供充实且高质量的信息内容，无法激发消费者的参与意愿，与消费者的互动更是无法实现。

而且，品牌社交媒体平台上呈现的不仅是高质量的内容，还需要体现品牌精神与内涵的高质量内容。这些内容必须是目标消费者真正需要并感兴趣的，否则，品牌的自媒体运营就会沦为完全的自说自话，非但不能成为构建品牌形象、维系品牌与消费者关系的重要渠道，反而会成为“鸡肋”，极大地浪费企业资源。当下，有些品牌在社交媒体平台上尽管保持了持续的更新，但是内容无聊、乏味，根本不能为品牌形象的构建起到有力的支撑作用，同时也无人问津，这样的现象并不鲜见，也需要引起企业充分的关注。

（二）披着新媒体外衣的伪数字品牌营销

如前文所述，数字品牌营销并不是简单地将线下的营销手段和内容转移到线上渠道中来。在数字时代，品牌营销的关键点不仅在于通过各种丰富的数字技术手段进行创作内容、打造体验，还需要充分考虑受众在营销过程中主动性的增强，并基于此思考如何打造充满活力的品牌 - 消费者关系。例如，有学者提出对广告创意的评判标准应当从传统媒体时代的 ROI（relevance，相关性；originality，原创性；impact，震撼性）转变为 SPT（searchable，可搜索性；participative，可参与性；tag-able，可标签化）[①]。在传统的广告营销环境下，

① 金鑫. 从 ROI 到 SPT——数字化时代“更消费者中心”的创意评价标准. 广告大观理论版，2007，(5)：12-16.

ROI 理论的提出所彰显的是品牌所有者试图通过创造具有强大吸引力和冲击力的内容给消费者留下深刻的印象，这种深刻的印象足以使一个品牌在大量的竞争对手面前赢得先机。ROI 原则表现了一种单向度的、由点到面的传播环境下品牌构建的思路和选择。然而在数字媒体环境下，消费者接触品牌的路径发生了质变。当消费者发现自己潜在的需要时，往往会主动地采取搜索等行为，并有可能积极地参与到品牌相关活动当中，并对品牌信息进行归类和分享。因此，品牌在营销传播的过程中需要考虑怎样进行信息编排的优化，以使消费者能够更为方便地搜索到品牌相关的有用信息。同时，品牌营销传播需要充分地考虑消费者能否被信息所吸引，并能够方便地参与到品牌营销传播过程中来。此过程的重要意义在于参与能够给消费者带来真正的归属感，并有助于建立消费者与品牌之间真正稳固的关系。标签化的意义在于品牌给消费者提供了更为明确的、可分类的信息，消费者能够在此基础上更为便捷地向自己的社会关系分享品牌的相关知识。由此可见，在数字媒体时代，品牌营销传播的逻辑、流程都发生了变化，这给企业带来了极大的挑战。也使企业必须考虑到新的品牌营销传播逻辑和流程，改变品牌营销的战略和策略。

然而，很多品牌目前尚未把握这种变化的本质，在数字品牌营销传播的过程中，仅仅是将传统营销传播战略和策略简单地移植到线上。例如，很多品牌尽管使用了新兴的网络视频平台发布广告，但广告的创意与电视广告没有区别，仍然停留在仅仅将故事讲完整、讲精彩这样的思路上，并且在广告发布的媒介策略方面也仍然依赖于购买热门网络节目的广告位，简单粗暴地反复投放。我们必须承认，即使是在数字媒体时代，在各种营销传播活动中将故事讲好仍然是很重要的部分，但是，仅仅做到讲好故事还是远远不够的，如果仅仅考虑讲好故事，考虑相关性、震撼性等因素，而不能充分运用各种新媒体渠道丰富的功能，吸引消费者积极参与互动，那么，传播效果将会大大受限。除了考虑新媒体的变化之外，品牌还需充分考虑数字媒体时代消费者的心理和行为的变化，重新思考品牌营销传播战略和策略。

（三）品牌线上营销与线下脱节

随着数字技术的发展，对互联网的使用已经成为广大网民主要的信息获取方式，甚至是一种生活方式。在这样的背景下，企业在品牌营销的过程中逐渐将更多的资源投向线上。例如，近年来，很多品牌放弃了被视为美国“春晚”的“超级碗”赛事电视广告时段，转而投向互联网。这是因为，当下的消费者往往是从互联网上开始对一个品牌的认知和了解。而且，在很大程度上，消费者与品牌接触的全过程也离不开网络平台的支撑。但是，这并不意味着线下的营销部分重要性就降低了。事实上，品牌线上线下营销是同等重要的。线上、线下营销的脱节对于品牌发展而言，有着巨大的负面影响。

例如，有些传统品牌有着雄厚的设计、生产实力，有些也建立了强大的营销和服务网络。然而，当消费者在互联网上对这些品牌进行搜索时，却发现能够获取的信息寥寥可数，这往往导致消费者转而投向有着更为丰富的在线信息的竞争品牌。同时，品牌优秀的在线营销传播策略也需要好的线下体验来支撑。有些旅游网站能够给消费者提供非常丰富的酒店预订信息和资源，并能够帮助消费者通过在线的方式高效地完成预定。这种方便快捷的在线服务无疑给消费者带来了极好的体验。然而，如果消费者在此后实际入住酒店的过程中遇到了问题，而且在投诉过程中无法获得网站有效的帮助，甚至遭遇投诉无效、推诿时，消费者会对品牌产生差评。这种糟糕的实际体验会完全抹杀先前的在线体验，甚至可能导致消费者强烈的抱怨和负面经验的分享。例如，缤客（Booking）在中国的发展过程中，就因为与酒店合作沟通不畅、人工客服稀缺、缺乏完善高效的售后服务机制，给很多消费者带来了损失，同时也收到了很多投诉①。这些对品牌的投诉被消费者在互联网上发布，对于品牌而言造成了负面的影响，对品牌声誉的损伤是很严重的。

数字技术的迅速发展的确给品牌带来了更多在线上与消费者进行沟通的机会，但是，消费者终究会实际地体验品牌所提供的产品和服务，也会通过诸多线下接触点与品牌发生联系。数字时代的到来并不意味着品牌能够放松对线下接触点的管理。反之亦然。对于品牌拥有者而言，必须站在品牌长远发展的战略高度

① 关子辰，王胜男. Booking 遭遇“不可预订”. http://www.bbtnews.com.cn/2017/0831/207763.shtml，2017-08-31.

统合线上线下营销，使消费者无论是在线上还是线下都获得调性一致的、高质量的品牌体验，使品牌线上、线下的资产能够相互作用，使消费者能够对品牌产生充分的信任甚至是深厚的情感，打造具有巨大、长远价值的品牌资产。

究其原因，无论是流于表面的数字营销战略，还是线上线下营销的脱节，这些问题的发生的根源在于品牌拥有者未能深刻理解数字技术的本质，也未能准确把握数字技术给现实社会发展带来了哪些根本性的变化和连锁反应。品牌拥有者必须深入思考数字技术给品牌营销带来的改变，积极面对这种改变，才能够真正在品牌发展过程中，做出正确的抉择。

延伸阅读

乐高：用社区构建消费者与品牌的关系，留住爱玩“积木”的成年人粉丝

乐高是当今世界最著名的品牌之一。自 1932 年集团成立以来，乐高随着时间推移不断发展演变，乐高集团的产品现在已经在超过 130 个国家中销售。基于在游戏中学习和发展的基本哲学，乐高的产品瞄准的主要是儿童。然而，乐高并没有将自己的目标消费者局限于儿童，品牌同样为自己拥有被称为 AFOLS（乐高的成年人粉丝，含 13 岁以上的消费者）的成年人粉丝群体而自豪，乐高品牌非常珍视这些成年人粉丝群体。AFOLS 有着成年人粉丝运用的最为热门的博客，每月吸引超过 30 万的访问者。为了深耕这种有益的关系，乐高集团为 AFOLS 运作着全球性的形象大使网络。该网络任命少数粉丝为乐高认证大师，即乐高集团所认可的商业合作伙伴，“通过尝试使用户（粉丝）构建群体的身份认同，以创造共同的责任”。乐高集团相信同消费者保持联系以及亲密的关系，是品牌成功的关键因素。为了与消费者保持这种联系和亲密关系，各种数字媒体渠道被充分地运用于其品牌营销推广战略中，并取得了巨大的成功。

https://www.lego.com/zh-cn/

第二章　数字品牌营销的环境分析

数字品牌营销传播活动的开展并不是在非常复杂的环境下进行，品牌运营者必须充分考虑营销传播活动所处的宏观环境和微观环境。宏观环境分析主要考虑对品牌营销传播活动产生影响的政治、经济、科技、社会文化等因素，这些因素也许并不直接作用于品牌，但是在相当长的时间内会对品牌的构建和维系产生一定的影响。微观环境则是指企业运作的具体环境，包括消费者、行业中的竞争者、供应商等因素，这些因素对品牌的发展影响得更为直接。宏观环境和微观环境共同构成了品牌生存和发展的环境，并共同对品牌当下的发展及长远的走向造成不同程度的影响，因而，对于环境的调查和分析成为品牌开展营销活动的基本步骤。

第一节　数字品牌营销的宏观环境分析

对于数字品牌营销而言，首先必须对品牌所生存的大环境有准确的把握和认知。为了系统地分析和把握品牌发展的宏观环境，研究者提出了多种分析模型和框架。美国学者 G. Johnson 与 K. Scholes 于 1999 年提出了 PEST 模式，PEST 模式是战略咨询顾问用来帮助组织检阅其外部宏观环境的一种方法。对宏观环境因素做分析，因不同组织自身特点和经营的差异，分析的具体内容会有所不同，但一般都会对政治（political）、经济（economic）、社会（social）和技术

（technological）这四类影响组织主要外部环境的因素进行分析[①]。

一、科学技术因素

在数字品牌营销的宏观环境诸因素中，科学技术的影响作用非常关键。一个国家或地区科学技术的整体发展情况及对新技术的采纳与使用情况，构筑了数字品牌营销的技术平台，也决定了数字品牌营销发展的空间。而且，随着科学技术的发展，新产品的研究和开发成为可能，新的营销方式也会不断涌现。

（一）科学技术的发展促进了新产品的开发

在现代社会中，科学技术的高速发展给人类社会的发展带来了新的可能性，这些技术对企业而言，具有深远的意义，运用新技术实现产品的改进及新产品的开发，是推动企业和品牌不断发展和进步的核心动力。

谷歌是全球企业中应用新技术实现产品高速更新换代的典型。2018 年，谷歌创新性地将人工智能（artificial intelligence，AI）技术应用于记录患者的病史以及诊疗记录，并基于对这些数据的分析预判病情复发的可能性，这种预测能够给医生和患者提供参考，以便提前预防或为设计治疗方案做参考。这种运用人工智能进行患者疾病发展情况的预测是开创性的。同时，在 Gmail 这一传统的邮件服务中，谷歌也基于人工智能技术，创新性地使用了 SmartCompose 功能，用户写信时，只要输入前半句，SmartCompose 功能就可以智能补全后半句，使用户能够更方便快捷地进行邮件的写作。在地图和导航功能中，谷歌针对步行导航时使用手机朝向来判断方向准确性差的问题，运用了人工智能识别街景技术，打造了视觉定位系统（visual positioning system），将导航结合真实街景帮助用户更为精确地识别方向和道路。另外，结合 AR 技术立体指示标志及动画小动物向导的设计，帮助用户准确理解和把握方向的指示，不至于为了明确方向而反复试探和确认，这使得用户使用谷歌地图的体验感得到极大的提升。除此之外，谷歌还发布了新的基于人工智能的谷歌助手（Google assistant），这个工具具有强大的语音识别能力，可以通过语音系统帮助用户顺畅地与人进行沟通，完成各种

① 王心娟，高厚礼，郭海燕.《管子·八观》思想与 PEST 模型比对分析. 管子学刊，2012，(4)：10-13.

电话预约服务，给用户带来极大的便利性。

在汽车领域，电源技术的发展极大地缩短了电池的充电时间，延长了电池续航能力，使新能源汽车产品不断更新换代。在汽车无人驾驶技术快速发展的背景下，电动汽车品牌特斯拉也不断地对产品运用的技术进行升级换代，并推出新的产品，使消费者获得全新的驾驶体验。

对于企业而言，通过产品和服务的创新给消费者带来良好的体验是品牌发展的重要环节。企业所在的国家或地区的科技发展水平及其应用与采纳情况在一定程度上决定了产品及服务的创新发展状况。因此，在对宏观环境进行研究和判断时，科学技术发展水平是一个重要的考虑因素。

（二）科学技术的发展带来的新的营销方式和营销途径

近年来，随着科学技术的不断发展，新的信息呈现形式层出不穷，尤其是计算机技术的高速进步极大地拓展了营销的舞台。例如，H5 技术的发展、二维码技术的广泛应用、数字技术发展导致媒介联动的发展等，都给品牌数字营销带来了新的路径和营销平台。

例如，随着数字技术的不断发展，互联网进入 WEB 2.0 时代，社交媒体的广泛应用使品牌与消费者之间的对话变得更为方便，消费者参与品牌营销活动也具有了现实的基础。中国国内的文化创意品牌“故宫淘宝”充分利用微博这一社交媒体平台，打造个性化的品牌传播内容，并与消费者开展积极的、创新性的互动，充分吸取消费者在产品设计和推广方面的意见和建议，在年轻消费者群体中塑造了鲜明的品牌形象。

在将新技术应用于具体的营销策略方面，各种案例也层出不穷。例如，韩国 Emart 在其营销活动中，创新性地使用了二维码技术，通过邀请消费者在正午时分扫描室外人流集中场所中设置的立体“阴影二维码”，帮助消费者获取在特定时段的购买 Emart 商品的优惠券。为了正午时段的优惠券，消费者在扫描“阴影二维码”之后，会点击 Emart 网上商城的链接，购买商品，这有效增加了消费者在正午时段购买商品的频次，实现了营销推广的目的。

杜蕾斯也是创新使用各种数字技术应用于品牌营销的典型案例。在杜蕾斯打造的“AIR 爱情薄物馆”品牌营销活动中，品牌采取了线上线下多渠道营销的模式。在传播渠道方面，杜蕾斯不仅使用了 H5 技术，还选择了品牌官网、微博、微信、知乎、网易云音乐等丰富线上渠道，同时也使用了实体博物馆的线下渠道。用户可以通过用手机扫描识别二维码进入活动页面，在活动页面上，消费者通过虚拟入口进入博物馆之后，看到里面展出的是很多普通物品，如一个装满来往广东和香港之间车票的铁盒，一对水晶玻璃酒杯，甚至是一张肉夹馍的照片。体验者点击画面上磁带的按钮，就可以听到这些物品背后所承载的故事，如杜蕾斯“爱情薄物馆”活动的广告语说：“那些无法留住瞬间，却可以让瞬间永恒的物品。爱的厚度，以薄的形式，存在里面”。从这个意义上讲，此活动体现了普通人的情感与艺术及杜蕾斯品牌之间的关联性。为了使体验者获得更生动的体验，杜蕾斯“爱情薄物馆”还设计了很多有趣的细节。例如，讲述者的声音有时候会出现停顿，这时就需要体验者用鼠标轻触页面上的磁带，才能够重新收听，这个小细节会让使用过磁带的人们倍感亲切。在提升消费者体验方面，线上博物馆所展现的天空场景与真实环境是同步的，也就是说，根据消费者进入 H5 页面具体时间点的不同，H5 页面能够展现出黎明、白天、黄昏，夜晚。在深夜，博物馆还会“闭馆”，这些设定都增加了体验的真实感。杜蕾斯在这个活动中还和网易云音乐、微博等平台合作，体验者通过这些媒介渠道，也能够与品牌展开有效的互动。

在 H5 页面上的博物馆建筑旁边，还有一座小巧的建筑物，在里面，体验者会发现京东的吉祥物“joy”。体验者进入这座小建筑物后，能够点击相应的按钮进入京东这一电子商务平台，购买杜蕾斯“爱情薄物馆”周边的商品。在杜蕾斯爱情薄物馆的案例中，品牌营销充分利用了 H5 技术来提升消费者的网上体验。此次品牌博物馆活动选择的媒介平台充分地考虑到 UGC（user-generated content，用户生成内容）内容的特点，使消费者非常方便地就能利用手机及社交媒体平台不同程度地参与到此次活动中来。由此可见，随着数字技术的发展，品牌拥有的营销与传播的手段变得非常丰富，如果能够创造性地、恰如其分地应用这些技术手段和平台，品牌能够给消费者打造极为丰富和生动的线上体验。

品牌所提供的产品和服务需要不断创新，品牌与消费者沟通和互动的方式也需要不断创新，除此之外，科学技术发展的水平还会影响一个区域内消费者整体对新媒体运用的能力等方面。例如，在科学技术发展水平较高，消费者的互联网知识掌握更为丰富的区域当中，通过互联网了解品牌相关信息，并依靠互联网等手段做出购买决策的情况就更为普遍。从这些角度我们不难看出，科学技术是一个具有深刻影响力的因素，需要品牌拥有者在进行宏观环境扫描时给予充分的考虑。

二、政治因素

在 PEST 模型中，政治因素在宏观环境的构成中所起的作用不容忽视，政府所制定的政策广泛地影响着企业的经营行为。法律、法规作为国家意志的强制体现，对于引导、规范、管理市场和企业行为而言，有着直接的作用。

（一）政府的政策导向

在政治因素方面，一国政府的政策导向、政府行为（如投资行为）等，都会对数字营销的传播环境产生根本性的影响。

例如，政府对于网络基础设施的投资和建设决定了数字经济发展的基础和发展空间。考虑到网络技术革命将会给国家带来重大的发展机遇，中国政府增加了相关的政策供给，并在基础建设投资方面给予倾斜，以打造数字时代的国家竞争优势。中国政府近年来发起了网络强国建设三年行动，该行动从 2018 年启动，聚焦数字经济发展“硬件”升级，主要围绕城市和农村宽带提速、5G 网络部署、下一代互联网部署等领域，加大网络基础设施建设[①]。在具体的做法方面，中国政府除了促进网络城乡全面覆盖之外，还大力推动 5G 网络的发展。2018 年，中国进一步扩大 5G 试点城市范围，同时适时启动 5G 网络的部署工作，并力争在 2020 年正式商用 5G 网络。国际首个 5G 网络标准公布后，中国的 5G 部署工作也将快速展开，中国有可能成为全球最早实现 5G 网络商用的国家之一。网络基础设施的建设和发展将会带来更为高速和便捷的网络入口，这也将为企业数字品牌营销

① 网络强国建设三年行动将启动 加大基础设施建设. http://www.wenming.cn/bwzx/jj/201806/t20180607_4713775.shtml，2018-06-07.

的发展提供强有力的基础。

以欧盟为例，从 2013 年开始，为了促进数字经济的发展，欧盟提出了“单一数字市场”战略。“单一数字市场战略”有三大支柱，分别是：①为个人和企业提供更好的数字产品和服务。其中包括出台措施促进跨境电子商务发展，保障消费者权益，提供速度更快、价格更实惠的包裹递送服务，以及打破地域界限，改变同产品异价的现状，并且改革版权保护法，推动提供跨境电视服务。②创造有利于数字网络和服务繁荣发展的有利环境。其包括全面改革欧盟的电信领域规章制度，重新审查视听媒体组织框架以适应时代需求，全方位分析评估搜索引擎、社交媒体平台、应用商店等在线平台的作用，并加强数字化服务领域的安全管理，尤其是个人数据等。③最大化实现数字经济的增长潜力“欧洲数据自由流动计划”，旨在推动欧盟范围的数据资源自由流动。并在电子医疗、交通规划等至关重要的领域，推动建立统一标准和互通功能，以建成一个包容性的数字化社会，使民众抓住互联网发展带来的机遇和就业机会[①]。欧盟“单一数字市场战略”代表了政府在促进数字经济发展方面的意愿，并将通过相关政策的落地最终促使新经济形态的发展。

从全球范围内来看，政府在数字技术发展层面的思路及政策供给对于新媒体和新经济的发展带来的影响是巨大的，因此这一因素也必须纳入对宏观环境扫描的框架之下。企业可以在政府政策供给的框架之下，思考本企业的长期发展战略和路径。

（二）法律层面

在法律层面，很多国家通过立法的形式，规范互联网行业的发展，以维护社会利益最大化、行业公平竞争以及消费者的权益。近年来，对网络广告的管理以及对互联网用户隐私保护是各国立法的重要关注点。

在美国，政府管理广告的主要机构是联邦贸易委员会、联邦通信委员会和美国食品药品监督管理局。联邦贸易委员会享有制止不正当竞争、保护消费者权益的广泛权力，也是美国最具权威的综合广告管理部门。按照美国的法律，任何监

---

① 中美欧互联网政策有何不同. http://cul.qq.com/a/20151219/023071.htm，2015-12-19.

管广告的法律法规对各种媒体广告均具有同等约束力。不因为广告媒介形式不同而有所差别，互联网广告的法律限制与其他广告形式相同。美国联邦贸易委员会具体负责互联网广告的法律指导与执行，它通过法案、消费者投诉、判例等因素来判断广告是否违法。在美国，网站在做网络广告的时候必须得到美国联邦通信委员会的批准，同时许可证每年都要更新[①]。

中国则在 2016 年颁布了《互联网广告管理暂行办法》，该办法共有 29 条，详细描述了对互联网广告概念的内涵和外延；明确规定了互联网广告应当具有“可识别性”；清晰界定了互联网广告经营主体（广告主、广告发布者、广告经营者）在互联网广告经营中的责任和义务。对于互联网广告违法行为，该办法规定了管辖原则及互联网活动的行为规范等。

对于网络上个人数据及隐私权益的保护，总体而言，美国更倾向于业界自律。美国联邦贸易委员会（Federal Trade Commission，FTC）就该问题制定了四项“公平信息准则”，要求网站搜集个人信息时要发出通知；允许用户选择信息并自由使用信息；允许用户查看有关自己的信息并检查其真实性；要求网站采取安全措施保护未经授权的信息[②]。在此问题上，欧盟议会于 1995 年通过了《欧盟个人资料保护指令》(*EU Data Protection Directive*)。该法令通过立法的方式确立了关于个人资料处理方面的规定。其目的在于保障个人自由和基本人权，以及确保个人资料在欧盟成员国之间的自由流通。根据该指令，资料控制者的义务主要有：保证资料的品质、资料处理合法、敏感资料的禁止处理与告知当事人等。资料当事人则享有接触权利与反对权利，并有权利更正删除或封存其个人资料[②]。

（三）税收层面

在税收层面，国家能够通过税收政策实现对不同行业发展的引导和支持。目前来看，很多国家注意到互联网产业在未来经济发展中的重要作用，因而大多倾向于对新兴的互联网产业进行扶植，给予在税收方面的优惠政策。以美国为例，

---

① 雷琼芳. 加强我国网络广告监管的立法思考——以美国网络广告法律规制为借鉴. 湖北社会科学，2010,（10）：142-144.

② 王全弟，赵丽梅. 论网络空间个人隐私权的法律保护. 法学论坛，2002，17（2）：71-78.

在电子商务发展初期，为确保美国电子商务在全球的优势地位，美国政府禁止对电子商务征收联邦税，指定互联网为免关税区，免征国际关税或其他贸易壁垒，使得美国企业得以越过关税壁垒获得高速发展，电子商务发展成规模后，对部分州开征电子税政策松动，并多次延长减免期，极大促进了美国电子商务迅速发展，带动了相关产业蓬勃发展①。同样地，中国政府也通过税收优惠支持创业企业、小微企业和个人、部分科技型企业以及文化创意产业的发展。很多在淘宝平台上开设店铺的个人因此而享受到税收的优惠政策，这在很大程度上对中国在线零售业起步和发展创造了良好的环境。另外，政府对企业的科技研发费用在税收方面采取加计免除政策，这对于激发企业在科技创新方面的投入有突出的效果，也会在全社会营造重视科技发展的氛围。与此同时，在文化创意产业方面，政府对动漫产业给予税收优惠，这也反映了政府对行业扶植的基本态度。

三、经济因素

整体而言，区域的经济发展状况会影响供给和需求。显而易见，在经济发展状况良好的区域，供给和需求通常都会更为旺盛，这将给更多的企业带来发展机会。另外，随着经济一体化的进程，全球经济发展状况也会影响到品牌营销的机会与可能性。随着全球经济发展的进程，品牌营销跨国、跨境发展的机会将会增多，当然，面临的挑战也会增加。

在一个区域内，强劲的经济发展势头和较高的经济发展水平意味着在网络经济方面有更多的机会。由于居民可支配收入的不断增加，恩格尔系数的降低，居民消费需求也会产生变化。消费者在旅游、娱乐、教育等方面的需求有可能增加。这也给很多企业带来更多新的机会。以中国为例，改革开放 40 多年来，中国经济高速发展，GDP（gross domestic product，国内生产总值）从 1978 年的 3 679 亿元跃升至 2017 年的 82.7 万亿元，占世界经济比重从 1.8%提高到 15%②。中国消费者对旅游的需求不断增加，对很多家庭而言，旅游从“偶一为之”的奢侈消费转变为

---

① 李恒，吴维库，朱倩. 美国电子商务税收政策及博弈行为对我国的启示. 税务研究，2014，(2)：74-78.

② 搜狐网. 2 张动图看懂：这些年中国各地 GDP 数据变化. http://www.sohu.com/a/236338085_104421，2018-06-18.

经常性的消费活动，旅游的类型也变得五花八门，自驾游、出境游、度假游等形式对中国消费者而言都不再陌生。从互联网旅游相关服务提供商的发展来看，携程网、艺龙网、去哪儿网，以及依托于阿里巴巴的“飞猪旅行”等网站，都拥有大量的用户。通过互联网提供的各种在线服务来轻松搞定旅行中的各种需求，已经成为中国大批旅游者习惯的渠道和路径。这种需求的变化带来了大量的商机。

与此同时，经济的高速发展使更多的企业参与到市场竞争中来。例如，中国农村地区有很多村落依托农产品加工以及工业产品生产体系，加入电商网络，运用各种新兴技术进行产品推广。阿里研究院 2017 年的数据统计，中国全国共发现淘宝村 2 118 个[①]，经营的产品范围从农产品到服装、箱包、工艺品、家居等五花八门，这些产品不仅仅在中国国内销售。例如，浙江义乌作为全球著名的小商品产地，其产品也实现了大批量的海外销售。

随着社会经济的发展，社会居民的需求和消费结构也发生了很大的变化，以百度、阿里巴巴、腾讯为代表的互联网企业抓住了经济迅速发展的时机，成为在全球具有强大影响力的互联网企业。从需求的方面看，CNNIC（China Internet Network Information Center，中国互联网络信息中心）第 41 次《中国互联网络发展状况统计报告》显示中国网民在网络音乐、网络文学、网络游戏、网络视频以及网络直播方面的需求持续增长，其中，网络直播的用户规模增长极为迅速，2017 年底，中国网络直播用户的数量达到 4.22 亿，其中，游戏直播用户规模达到 2.24 亿[②]。在 2016 年，中国游戏直播市场规模就已达到 28.3 亿元，增长率达 19.1%。另外，网络游戏产业在中国也发展迅速，2017 年中国游戏市场实际销售收入达到 2 036.1 亿元，同比增长 23.0%，其中手机游戏占比 57%[③]。2017 年，由腾讯推出的手机游戏《王者荣耀》成为全球手机游戏榜的第一名，全年营收超过 300 亿美元[④]。由此可见，经济发展带来的受众娱乐需求的增长给很多企业带

---

① 电子商务研究中心. 全国淘宝村都在卖些啥. http://www.100ec.cn/detail--6447675.html，2018-05-03.

② 中央网络安全和信息化领导小组办公室，国家互联网信息办公室，中国互联网络信息中心. 第 41 次中国互联网络发展状况统计报告. http://www.cnnic.net.cn/hlwfzyj/hlwxzbg/hlwtjbg/201803/P020180305409870339136.pdf，2018-01.

③ 2017 中国游戏市场规模超 2000 亿 移动游戏涨幅超 300 亿. http://news.uuu9.com/tfxw/201712/419770.shtml，2017-12-19.

④ 2017 全球手游收入榜:《王者荣耀》近 300 亿全球夺冠. https://sports.qq.com/a/20180112/031472.htm，2018-01-12.

来了巨大的经营机会。这种机会还不仅仅局限于通过直播内容或游戏本身赚钱，在热门的直播平台和游戏中植入广告也成为品牌推广常用的方式。换句话说，经济发展所带来的需求的变化引起了一系列的连锁反应，这些连锁反应所带来的需求和机会是多层次和全方位的，需要企业积极应对、敏锐把握。

相应地，经济的衰退也会给企业的经营带来巨大挑战。20 世纪 90 年代中期，随着 MOSAIC 浏览器以及万维网的出现，互联网开始引起了公众的注意。互联网具有很多全新的特性，如可以免费发布信息、实现即时的联通、展开全球电子商务等，这些特性使市场坚信互联网将会带来巨大的商业机会和盈利可能性。因而，尽管很多互联网企业一时间并没有构建出有效的商业模式，仍然得到了很多投资机构的青睐，很多互联网公司随即上市，而且股价暴涨。然而，由于缺乏实际的业绩支撑，这种持续烧钱的泡沫并没有持续很久，2000 年 3 月，美国纳斯达克指数开始暴跌，互联网经济的泡沫破裂，许多公司就此宣布破产清盘。也有一些企业勉力支撑，但因为难以获得后续投资，在现金烧完之后也宣告业务结束。只有那些真正找到了合理商业模式和盈利点的互联网企业最终生存下来，如亚马逊、谷歌等。尽管互联网经济此后逐渐又走向繁荣，但在经济衰退的周期中，企业在品牌营销过程中必然会遭遇更多的困难和问题。

在 21 世纪，经济全球化的趋势使来自不同国家、区域的组织以及个人之间的关系更为密切，这种变化趋势与互联网的结构和特性形成了共振，也成为品牌构建的大背景之一。当阿里巴巴在美国上市时，阿里巴巴邀请的八位敲钟人并不是企业高管，而是来自阿里生态系统的普通参与者。其中一位就是来自美国的农场主皮特·维尔布鲁格，尽管远隔万里，但通过天猫的平台，像他这样的美国农场主可以直接将新鲜车厘子卖给中国消费者。从 1930 年开始，维尔布鲁格家族就在华盛顿州居住并经营农场，皮特是家族农场的第三代传人。在美国雅基玛谷 2 000 英亩（1 英亩≈0.405 公顷）的家族农场里，皮特的家族种植了车厘子和其他多种水果。通过天猫的电子商务平台以及配套的物流平台，皮特在华盛顿州采摘的新鲜车厘子可在 48~72 小时送抵中国消费者的手中。通过天猫这样的电商平台，中国市场给美国的农产品经营者带来了大量的收益，因而这部分业务也逐渐得到了更多的重视。皮特是参与到跨境电商服务的众多海外卖家中的一个典型代表。经济全球化的发展结合互联网的发展创造了这样远隔万里的新商机，通过天猫将车厘子卖给普通中国消费者只是这种电子商务活动的一个缩影。当下，中国消费者还能够方便地通过京东、eBay、亚马逊、唯品会、小红书等方便地购买到来自全球各地的品牌，相应地，全球各地的消费者也能够通过这些电子商务平台直接从中国购买他们心仪的产品。从某种意义上说，企业和品牌之间的竞争范围随着经济全球化的发展而进一步扩大了，这也给品牌的全球化经营带来了更大的潜力和挑战。

四、社会文化因素

在社会文化因素方面，应当充分考虑社会的主流价值观、语言文化、教育水平等因素，这些因素构成了品牌赖以生存的重要条件。品牌营销战略和策略的制定需要充分考虑社会文化因素。

在一个社会中，基础教育水平的状况会影响到品牌数字营销传播的机会。在基础教育水平较低，消费者接触互联网的比例整体较低的情况下，数字品牌营销传播的机会就相对较少。近年来，中国居民的整体教育水平稳步提高，相当比例的民众具有使用互联网的经济能力和文化水平，尤其是广大年轻消费群体，在九年义务教育以及电脑知识普及的背景下，年轻消费者普遍具有使用互联网的基本能力。这也给数字品牌营销传播提供了更多的机会和潜在的可能性。例如，像“快手”“抖音”这样的新兴互联网视频平台在短时间内获得了大量用户群体，很多农村青少年也加入到内容生产的行列。由于很多视频平台提供了很多方便易用的视频拍摄和编辑的软件，这使他们能够方便地使用智能手机和移动互联网进行视频内容的生产和传播。这些视频平台的受众构成也变得更为广泛和复杂。随着这些新兴网站和应用的发展，品牌营销和传播也有了更多的渠道和路径。在中国市场中，淘宝等网站作为电子商务的平台对农村市场的重视程度不断增加。这导致目前有更多的农村地区消费者在物流网络快速发展的背景下能够方便地购物。更重要的是，很多农村用户依托农产品的生产，成为淘宝平台上的供货商，甚至出现了很多“淘宝村”。由此可见，很多新的营销机会产生的重要基础就在于更多的居民普遍掌握了对电子商务平台的操作技能以及新媒体内容生产和传播的技能。

品牌营销传播活动主题的策划也需要基于对社会文化具体情况的准确把握。例如，护舒宝品牌在某些国家开展的“触碰泡菜”（touch the pickle）社交媒体营销就是基于对这些国家社会文化中存在的迷信和性别歧视问题而发起的。在“触碰泡菜”的品牌营销活动中，护舒宝品牌通过调查和研判，发现在当地的社会中，一方面，深刻存在着性别歧视的问题；另一方面，女性消费者对改变这种性别歧视的现象有着强烈的需要和冲动，消费者的情感反应和认同达到了一触即发的程度。在这样的背景下，护舒宝品牌进一步深入当地社会，对普通人的日常生活进行广泛的调研，找到了讨论性别歧视问题的具体切入点。

调研人员发现在某些国家，针对女性月经的禁忌和迷信仍然困扰着当代女性的生活，“月经”是禁忌的词汇，不能被讨论，处于月经期的女性被认为是“不洁”的，甚至是“不详”的，处于月经期的女性被禁止进入宗教场所、被禁止参加祈祷、甚至被禁止触摸在厨房中的泡菜罐子。针对这一具体现象，护舒宝品牌发起了针对性的营销活动。在这次的营销活动中，品牌不仅仅在其中诉求破除这些荒谬的禁忌，还进一步讨论在现代社会中女性权利和地位的问题。基于这样的主张，护舒宝品牌充分利用了多种数字媒体渠道，通过在视频网站发布活动相关的视频展现这些现象，提出这一问题，继而号召在社会中有影响力的女性代表为此发声，并在社交媒体中动员消费者进行深入讨论，护舒宝品牌还邀请女性代表在 TED（technology、entertainment、design，技术、娱乐、设计）演讲中讨论这一问题。这些手段引发了该国社会对此问题的充分讨论，使更多的社会成员直面这一问题，同时也使品牌收获了大量的关注。护舒宝“触碰泡菜”活动的成功的根本原因就在于品牌提出了一个基于社会文化现实的尖锐问题，因而引起了大家广泛的参与和共鸣。如果不是基于特定的社会文化土壤和现实情况，消费者就难以产生共鸣。

在中国，化妆品品牌 SK2 也通过分析中国社会中所存在的“剩女”问题而引发了消费者的普遍关注。基于各种复杂的社会、文化原因，“剩女”的问题在中国成为被媒体和普通人广泛关注的问题。与西方社会中人们对独身这一选择的普遍接受的情况不同，在中国，人们倾向于催促大龄未婚女性尽快进入婚姻，甚至认为她们应当放低标准，不要太过挑剔。“剩女”群体甚至她们的父母、家庭都承受着来自社会方方面面的巨大压力。与此同时，中国社会中还有一个非常特殊的现象，在很多城市的公园、街角里都有“相亲角”，“相亲角”本来是为单身人士提供的相互交流、寻求可能的伴侣的特殊场所。但是在当下，“相亲角”里出现更多的并不是单身男女本人，而是他们的父母，这些父母会在“相亲角”中通过相互交流，为自己的子女寻找可能的伴侣。一些“剩女”的家长会带着孩子的各种资料在“相亲角”进行展示，帮助他们寻求条件相当的、可能的结婚对象。在 SK2 基于此问题拍摄的视频中，采访了几位所谓的“剩女”及其父母，请他们对摄像机吐露心声，揭示了几位女性对爱情、对美好生活的追求，也反映了她们及其父母的焦虑以及承受的来自各方面的压力。片中所拍摄的“剩女”通过摄像机勇敢表达了自己不愿意屈从于社会压力，不愿意为了结婚而结婚的心理状态。片中几位女性与父母之间的对话反映了代际之间价值观的差异和深刻的矛盾。通过这个短片，“剩女”这一社会问题被生动地展现出来。这几位“剩女”最终也来到了上海人民广场的“相亲角”，但是她们的目的不是寻求合适的结婚对象，而是来此地表明自己的坚持：相信爱情，不为结婚而结婚。在片中，这几名女性最终获得了来自父母的支持，她们与父母达成了和解。这支 SK2 的品牌视频不仅迅速获得了 100 万以上的播放量，而且也在社交媒体平台上引发了热烈的讨论。一系列新的价值主张也随品牌视频进一步在中国社会中加速传播，如“结婚并不是女性必需的选择”“女性的价值和快乐不应该由是否结婚来界定”“独身也是一种生活方式”“女性应该独立而自信”等。中国目前正处在社会的急速转型期，很多新的生活方式、生活形态以及价值观念都应运而生。这些新的思潮与传统的观念之间有着尖锐的矛盾和冲突，当品牌敏锐地把握住这些社会变迁的新趋势时，往往能够为品牌营销传播活动创造出吸睛的话题，品牌也更有可能通过对社会问题的关注而获得消费者的认同。

由上文的分析我们可以看出，科学技术因素、政治因素、经济因素以及社会文化因素等构成了品牌营销的宏观环境。这些因素也许并不会直接影响品牌形象的构建或产品、服务的销售，但是，这些宏观环境因素共同构成了品牌发展的基本环境，会间接地、持续地影响到品牌的发展。对于品牌所有者而言，从品牌长远的发展考虑，必须深入分析宏观环境因素，并在此基础上，制定品牌发展的长期战略。

第二节 数字品牌营销的微观环境分析

品牌的生存和发展不仅需要考虑宏观环境下的科技发展、政治、经济、社会文化等因素，还需考虑品牌所处行业的具体微观环境，相比较而言，品牌所处的具体微观环境会直接影响到品牌的构建和维护。对网络营销微观环境的扫描和分析是开展品牌营销传播的基础工作。在多种微观环境因素中，消费者以及竞争者因素对于品牌营销传播活动的影响最为直接，这两个因素也将被着重讨论。

一、网络营销环境的评估

与传统时代相比，品牌营销活动所面临的营销环境发生了重大的改变。由于消费者对品牌相关信息的获取路径和获取过程都打上了新媒体的烙印，我们有必要观察和描摹消费者的行为，并分析新媒体环境下的市场环境框架。总体而言，不同的消费者群体可能采纳不同的线路获取品牌相关信息：他们可能通过类型各异的中间媒介进入品牌的在线平台；也可能直接跳过中间媒介直接进入品牌的网站，不一而足。因此在对网络环境进行评估时，企业需要对消费者进行细分，也需要研究不同类型的中间媒介，并分析本企业以及竞争对手所构建的品牌在线平台等。

（一）消费者市场细分

对网络营销环境进行评估的关键一步就是对消费者市场进行科学细分。面对庞大而复杂的消费者群体，只有针对消费者的各种特点进行细分，才能更好地理解他们的行为和心理，准确识别品牌营销传播的目标市场，并基于此做出正确的营销传播决策。例如，耐克品牌针对不同性别、年龄的消费群体实施差异化的营销策略，这是基于对不同消费者群体进行深入分析的结果。品牌对消费者市场的分析应该是动态的，与时俱进的。这是因为随着社会经济的发展，消费者的需求和动机也会随着时间和环境的推移而发生变化，品牌必须及时发现并跟进消费者的这些变化，才能够持续地满足消费者变化的需求。

近年来，消费者对健康越来越重视，针对饮料，消费者对体型和健康的需求持续增加，可口可乐公司敏锐地推出了针对这些需求的新产品。近年来，在中国市场上，可口可乐不仅推出了“无糖无热量”的“零度”可乐，还推出了“零卡雪碧”以及同样也是零卡路里的雪碧纤维+柠檬味道汽水。基于这些新产品，可口可乐品牌在营销传播的过程中也突出了更健康的概念。新产品和新的营销主题能够满足那些喜欢碳酸饮料，但又担心健康问题的消费者群体的需求。当然，在新产品不断推出的同时，可口可乐对于其经典可乐的品牌推广也没有弱化。这种新产品和经典产品齐头并进的思路表现了可口可乐品牌对于不同类型目标消费群体需求的考量。

由此可见，面对成千上万的消费者，品牌首先需要敏锐把握他们的类别，准确进行消费市场的细分，精确满足他们的需求，这是品牌营销获得成功的关键因素之一。

（二）中间媒介分析

对于大多数消费者而言，当其感知到自己需要获得某种产品或服务时，往往并不是直接就了解自己需要登录某个品牌在线平台去获取该产品或服务，而是会通过搜索引擎来展开搜索行为，这种搜索行为有可能将其导向某个具体的品牌在线平台。但搜索引擎并不是唯一的中间媒介类型，消费者也可能通过门户网站或社交媒体网站的相关信息（有时是广告）而被导向品牌在线平台。因此，企业应当深入研究特定网络环境下这两类中间媒介的具体情况。

1. 搜索引擎

如今，搜索引擎在新媒体环境下正发挥着越来越重要的作用。搜索不仅仅是一种信息获取的方式，更成了网络用户的生活方式。很多消费者在看到一个陌生的字眼或概念时，第一反应就是使用搜索引擎来搜索相关信息。因而，消费者每天的搜索频次非常惊人。正是由于消费者会在搜索引擎中输入与产品或服务相关的关键词，并根据搜索结果的指引直接进一步研究和分析获得的品牌信息，这导致因搜索所产生的各种数据对品牌而言具有重要的意义。品牌可以根据一定时期之内消费者的搜索行为对潮流做出预测。例如，百度创建了一个与搜索行为紧密关联的产品——“百度指数”。通过“百度指数”，企业可以获取实时热门搜索关键词以及对某一特定关键词的相关搜索热度变化数据，包括通过 PC（personal computer，个人电脑）端和移动端的搜索趋势变化以及搜索整体趋势，还有具体的搜索日均值等。谷歌的搜索数据也被用于预测消费的潮流变化。基于此，搜索引擎在营销中的重要作用越来越凸显出来，企业在品牌营销传播的过程中也越来越重视对搜索引擎的分析。全球最为流行的搜索引擎谷歌也因此被称为“全球最大的广告公司”。可以想见，当消费者需要某一产品或服务进行有目的的搜索时，如果某一品牌能够出现在搜索结果页面中比较醒目的位置，这显然是非常有利的。当然，在不同的国家和地区，人们对搜索引擎的使用也有不同的偏好，除了谷歌、必应之外，中国市场上也有百度、搜狗及 360 搜索等不同的搜索引擎品牌。对于企业而言，通常会考虑消费者最为青睐的搜索引擎，来购买最优的广告位，或者通过各种搜索关键词优化的技术，提高品牌在消费者搜索中的表现。

2. 其他类型中间媒介

除了搜索引擎之外，还有很多其他类型的中间媒介，可以将消费者最终导向品牌平台。事实上，很多消费者在使用搜索引擎之后，通过搜索结果的指引也可能去往其他类型的中间媒介，再通过这些中间媒介，进入品牌的在线平台或电子商务平台。这些中间媒介包括门户网站、垂直网站、社交网络、价格比较网站等。以垂直网站为例，当消费者搜索具有某种功能的产品如防晒霜时，在搜索结果列表中，可能出现美容化妆相关的专业网站。消费者可能会在此网站中继续浏览，发现适合自己的防晒产品品牌，再由此进入该防晒产品品牌网站或第三方网上购买的平台。随着社交媒体的迅速发展，各种类型的社交媒体平台也逐渐成为重要的中间媒体，承担着消费者与品牌在线平台之间的连接功能。例如，知乎作为一个知识分享型的社交媒体平台，其中也有很多与购物和消费相关的提问与回答。知乎的用户可能会选择在这个知识分享型的平台上去搜索产品或品牌的相关信息，以期获得更为专业和公允的品牌相关内容，为自己的购物决策提供信息支持。

当知乎的用户在搜索结果中看到一些具体的品牌推荐信息之后，可能会根据这些指引，去往品牌网站或购物平台。

由此可见，对各种类型的中间媒体的分析和梳理能够帮助企业更深层次地理解如何才能影响消费者，使他们最终进入品牌在线平台，做出购买决策。

（三）品牌在线平台分析

品牌在线平台属于品牌自媒体，承载着关于品牌的各种官方信息。品牌在线平台包含多种类型，包括品牌官方网站、社区、品牌在其他社交媒体网站所创建的在线平台、针对某一特定的营销传播活动所搭建的活动页面、品牌的网络商城等。在对网络营销环境进行分析和评估的环节，企业不仅需要针对自身品牌的各种在线平台进行分析和评估，也需要调研、了解、评估竞争对手的品牌在线平台。对品牌在线平台分析的目的在于最终能够成功构建差异化且具有竞争优势的品牌在线平台，吸引并留住消费者，最终达成品牌营销目标。

二、消费者因素

对于品牌营销传播而言，准确把握目标消费者的行为和心理是成功的关键。随着互联网的发展，消费者也在发生着蜕变。越来越多的消费者倾向于采用数字技术来实现其信息获取和购买行为，通过电子商务平台进行产品选购的人数也在不断增大。例如，在中国市场中，互联网移动端已经成为重要的交易平台，消费者运用手机或其他移动终端，方便地实现对产品的搜索和选购，分享自己的产品使用经验。截至 2017 年 12 月，中国网络购物用户规模达到 5.33 亿，占网民总体的 69.1%，其中，手机网络购物用户规模达到 5.06 亿[①]。如此大规模的消费者开始采纳移动互联网技术来完成购物，这需要企业深入理解其交易的详细过程和具体行为。对消费者行为的分析主要可以从两个角度出发：一是把握目标消费群体的数字媒体的使用行为；二是深入分析消费者在线品牌相关活动的基本动机，把握消费者品牌接触行为的深层原因。

---

① CNNIC 第 41 次调查报告：网络购物. http://tech.sina.com.cn/i/2018-01-31/doc-ifyqyuhy7861531.shtml，2018-01-31.

（一）目标消费群体的数字媒体使用行为

企业首先需要了解目标消费群体的数量以及这些消费者的互联网使用基本情况，如他们使用互联网的便利性问题，他们主要通过何种方式接入和访问互联网，是否主要通过移动互联网接入网络等。目前，由于很多电子商务平台发现与 PC 端相比，互联网移动端的购物行为具有全天候、全场景的特点，因此，很多商家通过各种手段（如提供价格上的优惠）激励消费者下载手机购物程序。另外，企业还需了解消费者主要通过何种媒体获取信息，是否会通过比价网站等帮助做出决策，是否主要通过线上渠道实施购买等。

（二）消费者在线品牌相关活动及动机分析

每天，消费者在互联网上进行着类型不一的活动，在这些活动中，有一部分是与品牌相关的。消费者在开展这些与品牌相关的活动时，可能会出于不同的动机和目的。根据消费者在线品牌相关活动的不同特点和性质，这类活动被概括为三类，分别是消费活动（consuming）、对品牌有所贡献的活动（contributing）、创造活动（creating）。

在这三类互动中，消费活动相对而言参与性较低，凡是搜索、观看、收听品牌相关内容，阅读各类网站上关于品牌或产品的评论，玩与品牌有关的游戏，下载品牌相关的小软件小工具等，这些都属于消费活动的范畴。在这一类活动中，消费者不生产任何品牌相关的新的内容，他们的角色是获取并消费这些品牌相关内容。对消费者而言，这类活动的参与门槛较低，通常都是举手之劳。对品牌有所贡献的活动包括关注品牌的社交媒体账号，为品牌或产品投票，参与品牌相关的对话（如在品牌相关论坛上与其他用户展开讨论等），对品牌相关的博客、社交媒体内容、视频、音频、文章等撰写评论。不难看出，与纯粹消费型的行为相比，这类行为体现出了更高的参与水平，也需要消费者付出更多的努力，难度相对增加。而在品牌相关的创造性活动中，消费者可能发表品牌相关的博客文章，上传品牌相关的视频、音频内容，撰写品牌使用的体验文章等。这类行为较为复杂，需要耗费消费者大量的时间、精力，有些还需要消费者具有特殊的技能（如图片的设计、音频的录制以及视频的拍摄和剪辑等），因此参与门槛较高，但能够充分表现出消费者的积极性和能动性。在这样的活动中，消费者参与创造了品牌相关的原创内容，消费者也成了品牌营销传播过程中的内容生产者和信息源头，这些活动反过来也会使消费者建立对品牌的归属感和更为亲密的关系。对于消费者而言，进行这三类品牌相关活动的困难程度是递增的，需要投入的精力和时间也呈现出递增的趋势。

相应地，消费者进行各类在线品牌相关活动的动机也有所不同。通过对消费者的研究，人们发现常见的动机有六种，分别是娱乐（entertainment）、一体化和社会互动（integration and social interaction）、个体身份认同（personal identity）、信息需求（information）、报偿（remuneration）以及赋权（empowerment）[①]。

在这里，娱乐需求是指消费者消磨时间、获得娱乐和消遣的媒介使用动机。一体化和社会互动则包含获得归属感，与朋友、家人、社会相连接等需求。例如，在多芬品牌“真美”的品牌活动中，很多对自己外在形象缺乏自信的个体选择参与这个活动，与在互联网上有共同遭遇的人展开活动，讨论这种感受，以求获得支持。消费者参与品牌活动的这种动机可被归类于一体化和社会互动。个体身份认同是指消费者为了更好地洞悉自我，强化自己的价值观，获得同类群体的认可等。信息需求是指消费者可能为了减少购买风险等原因而在购买前搜寻相关的信息，这是非常普遍存在的在线品牌相关行为发生的动机。例如，消费者在购买某种昂贵的电子产品或汽车之前，从各种渠道充分了解大量的信息，以期做出最为合理的购买决策。报偿这一动机是非常常见的，很多消费者参与品牌相关活动是为了在未来获取来自品牌的酬赏，如获得优惠券、免费的商品以及其他奖励。法国汉堡王就在 2017 年对品牌的 Facebook 账号互动最多的品牌粉丝进行了巨额的奖励。关于星巴克的研究也发现很多消费者是为了获得优惠券而持续关注星巴克。赋权是指消费者试图使用在线媒体平台，将影响力施加于他人或公司。例如，有些消费者参与在线旅游网站调查的目的是促使该网站提供优质的服务。还有一些消费者在品牌社交媒体账号下提出对新产品

---

① Muntinga D，Moorman M，Smit E. Introducing COBRAs. International Journal of Advertising，2011，30（1）：13-46.

开发的建议等。

事实上，对企业而言，还需要进一步考虑处于不同购买阶段的消费者动机的不同，如品牌的新老顾客的在线品牌相关行为有着很大的差异。相较于老顾客，品牌的新顾客可能更倾向于获取品牌相关的信息，以建立对品牌更深的了解。另外，处于信息获取不同阶段的消费者对信息内容和传达方式的需求也有差别。为了更好地理解消费者的行为和心理，有时企业可以通过创建典型消费者画像的方式，分析他们的特点，描摹他们的在线行为和需求，并基于此，做到有的放矢地打造品牌营销传播活动，促使消费者能够访问目标网站，增加对品牌的认知。例如，宝洁公司曾在 2011 年与百度合作，利用大数据技术为消费者画像，找到消费者地域分布、兴趣爱好、媒体接触点等背后隐藏的信息，从而帮助解决“对谁说、怎么说、谁来说、在哪说”的难题。此后，宝洁调整了营销策略，并在此基础上推出了一款针对 25 岁人群的细分产品，取得了良好的社会反响。

三、竞争者因素

在品牌营销的微观环境分析中，对竞争者因素的研判和考量是重要的一环。在这个领域，波特（Michael Porter）于 20 世纪 80 年代初提出了著名的“五力模型”，他认为，企业所在行业中存在着决定竞争规模的竞争程度的五种力量，这五种力量分别是行业内现有竞争者的竞争能力、进入门槛、客户的议价能力、供应商的议价能力以及替代产品或替代服务的威胁。波特指出，这五种竞争力会影响产品的价格、成本和必要的投资，同时决定了产业结构。[①]随着互联网的发展，波特在 2001 年对“五力模型”进行了修改，将互联网的影响加入到这一模型中。此后，戴夫·查菲以“五力模型”为框架，进一步分析了网络对五力的影响和改变。戴夫·查菲认为数字技术和互联网的发展会提升客户的议价能力，削减供应商的议价能力，增大替代产品或服务的威胁性，降低行业进入壁垒并进一步激化现有竞争者之间的竞争[②]。

---

① 李静. 迈克尔·波特和他的竞争战略. 企业导报，2013，(6)：238-239.

② 查菲 D，埃利斯-查德威克 F. 网络营销：战略、实施与实践. 马连福，高楠，等译. 北京：机械工业出版社，2015：66-67.

（一）客户议价能力

在互联网的语境下，客户获取品牌相关信息和知识的能力获得了全方位的提高，他们能够通过网络渠道方便地对不同的品牌进行价格和质量的比较。消费者目前拥有丰富的信息获取渠道，丰富的信息帮助消费者权衡他们究竟愿意为某一品牌产品付出怎样的价格。除了运用搜索引擎之外，很多电商平台本身也提供了非常便利的搜索支持。消费者还可以使用比价网站，如一淘网、什么值得买网站，这些网站会汇总不同类别商品的价格以及优惠信息，很多网站还能够给消费者提供某一商品在一定历史时期内价格变动的走向趋势，以方便消费者追踪商品价格的变化。消费者还可以通过点评网站或相关论坛获得关于产品或品牌的口碑信息。这些无疑都在很大程度上增强了客户的意见能力。

（二）供应商议价能力

相对于客户议价能力的提升，在互联网环境下，供应商的议价能力呈现出下降的趋势。这是因为对于企业而言，当其需要进行购买活动时，凭借互联网渠道的便利性以及 B2B（business to business，企业对企业）电子商务的发展，同样拥有了更强的比价能力，也拥有更多的选择空间。例如，阿里巴巴作为全球性的 B2B 的电子商务平台，汇聚了各行业门类的供应商，提供了方便的企业之间交易的场所。在这样的背景下，供应商的壁垒在一定程度上被打破，其议价能力也因此被削弱。

（三）替代产品或服务的威胁

新的数字产品研发和投入市场的速度很快，这导致了替代产品或服务的威胁在逐渐增大。在中国迅速发展的电子支付和互联网理财业务，使传统银行所提供的网上银行服务受到极大的冲击，很多消费者都倾向于使用支付宝或微信支付的方式进行网络支付，在实际到店消费的情况下，很多消费者也选择更为便捷的电子支付，很多消费者还通过这些互联网金融程序来办理储蓄和理财的业务，免除了需要在银行网点等待的烦恼。类似的案例还有像“美图秀秀”这样方便易用的软件也在一定程度上抢占了更为专业的图片处理软件（如 Photoshop）的市场。互联网的发展使消费者扩大了产品选择的范围，这也使同一行业中原有的企业面临更激烈的竞争。例如，在电子商务平台以及物流迅速发展的情况下，中国消费者能够方便、快捷地了解境外商品的相关信息，也能够在极短时间内通过方便的物流系统获取这些商品。例如，阿里巴巴旗下的菜鸟物流开通了可以快速直达新加坡、马来西亚、中国台湾，以及澳大利亚的电商专属海运线，大大缩短了物流成本和时间，并将在未来实现 72 小时全球必达的服务。这种跨境物流服务的快速发展，一方面给消费者带来了更好的购物体验，另一方面也使中国国内企业面临的同行业竞争的范围和强度都进一步加大。

（四）行业进入壁垒

总体而言，相对于传统时代而言，许多行业的进入壁垒变得更低，新的进入者能够以极低的成本和非常简单的方式进入现有市场。例如，在 WEB 2.0 时代，由于互联网媒介渠道对普通用户而言非常友好，网络用户可以非常方便地进入自媒体领域，每个用户都可能创立一个媒体品牌，生产媒介内容。例如，网络红人 Papi 酱最初就是自编自演自导网络脱口秀节目，通过一台摄像机以及能够接入互联网的电脑，就赢得了大量的粉丝和关注，打造了具有影响力的自媒体品牌。在当下，有些“网红主播”甚至不需要摄像机，只要有一台接入网络的智能手机，就可以开展在线直播活动。技术的发展带来的技术和设备的易用性以及互联网接入的便利性使新媒体行业的进入门槛变得极低，这也导致了媒介内容的极大丰富。相应地，每一名受众的精力和注意力都是有限的，当这些自媒体品牌吸引了他们的注意力，传统专业媒介面临的竞争压力就更大。一些企业也会在互联网的语境下进行延伸产品的设计，基于他们原本就拥有的渠道优势和顾客基础，这种新产品或服务设计和推广也变得更加容易。例如，微信利用其原有的庞大用户基础，迅速地开发产品，进入在线游戏的竞争领域中，并获得了巨大的成功。

（五）现有竞争者的竞争能力

互联网的迅速发展促使信息的流动加快，其直接后果之一就是更多的产品被催生出来，产品之间的差异化也变得很困难。不过，这个问题是相当复杂的，行业中规模庞大的领导者品牌可能在互联网营销的背景下，获得其他品牌难以企及的发展机会。例如，在中国互联网企业中，以搜索引擎起家的百度、独占即时通信领域的腾讯，以及在线零售行业的淘宝都具有惊人的用户规模，庞大的用户体量成为这些品牌开发新产品并降低运营成本的基础，而这些优势对于其竞争对手而言是很难超越的。但是，作为淘宝的竞争对手，京东努力提供差异化的服务，通过自建物流系统大大缩短了用户的等待时间，实现了良好的用户体验。相比之下，网易严选作为电商平台是典型的后来者，相对于淘宝和京东给消费者带来的多元化选择的可能性，网易严选则反其道而行之，给消费者提供的是高质量的有限产品选择，这节约了消费者的选择时间，同时在质量方面严格把关，并且尽量做到更高的性价比。这种差异化的思路也是网易严选品牌在竞争中能获取一部分消费者的关键因素。亚马逊结合 Kindle 在图书市场中提供差异化的服务，获得了独特的竞争优势。

综上所述，通过运用互联网环境下的五力模型对竞争者进行分析，能够帮助品牌拥有者更好地认清市场环境，从而有可能为消费者提供更为优良的、差异化的服务。

“知己知彼，百战不殆”，在数字时代，品牌的发展并不仅仅是通过埋头苦练内功就能够实现的，企业必须保持对环境的敏锐性，采用科学的方法，准确地研判品牌发展所面临的大环境和小环境，才能够在品牌发展的决策方面少走弯路，抢占先机。

延伸阅读

2018 年福睿斯春运高铁案例

长安福特首先选择福睿斯作为其 2018 年春运推广的主要系列，因为福睿斯是专门为中国家庭量身打造的“经济适用”车，兼具了性能、安全、空间和价格等因素。春节是中国社会文化中非常重要的节日，也是中国人大规模出行的时间节点。长安福特抓住“春节”“春运”“团聚”等关键词进行线上线下品牌推广，由于运用了高铁场景，非常能够触动中国消费者的情感痛点。

在媒介选择的方面，长安福特同时选择了高铁车厢和12306网站，因为这是春运两个流量最高的用户场景，虽然火车站的人流量也非常高，但需要区别对待这个“高流量”，因为人们在火车站候车时，是迫不及待想回家的心情，最多再加一个怕丢行李，完全不会理会车站上的广告。在从上海开往成都的高铁车厢内，福睿斯选取了很多和春运相关的暖心文案，如“放得下的是行李，放不下的是你”“妈，今年回家，我买的是单程票”等，这些暖心文案来自于长安福特福睿斯不久前通过多个线上平台，向即将踏上旅程的网友们征集的一系列关于幸福的故事。

除了广告投放和制造社交话题之外，长安福特福睿斯还有很多实际的举措，进一步体现了品牌的社会责任感，并打造更好的品牌体验。为了让更多的游子能够顺利与家人团聚，不用在寒冷的冬天等待打车，长安福特福睿斯在上海和重庆两地的车友组织为回家的老乡们提供温情接送服务。其实，除了体现品牌的社会责任感，让老乡坐着福睿斯回家，本身就是一种“试乘”，可以极大提升消费者对品牌的好感度，这是一举两得的事。

综上所述，长安福特福睿斯主打温情路线，把网易云音乐在地铁刷屏的套路，用在了高铁车厢的广告投放上，把话题从一张春运回家的高铁票上进行延伸，是一个非常不错的尝试，长安福特福睿斯品牌营销活动充分考虑了中国社会文化的特性和消费者的心理，选择了春节这一特殊的时间节点以及春运的特殊场景，因而实现了较高的关注度，可见，对品牌营销的环境的深入分析和把握能够使推广活动事半功倍。

http://www.sohu.com/a/219869356_372608

第三章　创新利用丰富的数字媒体渠道展开品牌建构

在品牌的建构过程中，关键的一步是需要通过创造性的内容设计，准确、个性化地表达品牌的价值和主张，并有效地将这些主张传达给品牌的目标消费群体。在数字媒体时代，基于各种新媒体的独特属性，创意的空间空前扩大，消费者有关品牌的创意概念和作品也被纳入品牌的营销传播过程中。媒体渠道的丰富也使品牌拥有了富有新意的传播渠道。可以说，数字技术的发展给品牌的建构工作带来了巨大的机遇。

第一节　数字品牌构建应当基于具有创新性的品牌营销和沟通行为

在传统营销传播环境下，品牌开展营销沟通行为的媒介通路是非常有限的，而且这种营销传播行为多是单向的、由点到面的传播。在这种情况下，品牌通常考虑的是如何讲吸引人的好故事，在品牌传播内容中追求的是相关性、原创性、冲击力等特质。由于品牌在媒介通路方面需要巨大的投资（购买电视、广播广告时段及印刷媒体广告版面等），因而会在内容设计方面受到多限制。例如，在篇幅方面，通常电视广告时长都不超过一分钟，甚至很多广告必须在 15 秒或 30 秒之内就展现出品牌的宗旨，并说服消费者采取行动。但在新媒体环境下，由于媒介环境产生了巨大的变化，这种传统的品牌营销传播的理念必须发生改变。品牌的构建必须从数字媒介时代的根本属性出发，发现新的事实、寻找新的规律、创造新颖的营销策略和沟通策略，才能取得好的效果。

一、数字时代品牌营销和沟通的媒介大环境

在数字时代，媒介大环境变得空前复杂和多元，品牌营销一方面拥有了更丰富的传播沟通渠道，另一方面媒介的选择和组合策略在这种复杂的背景下变得更为困难。目前，在品牌营销的实践中，可以将媒介渠道分为三类，即自有媒体、付费媒体、免费媒体。这三类媒体并不专指基于互联网的新媒体，还包括传统媒体，这三类媒体构成了企业品牌营销沟通中主要的媒介通路和环境，并在品牌营销沟通的实践中承担着不同的任务。

（一）自有媒体

自有媒体指的是企业拥有所有权和内容发布自主权的媒体。在数字媒体时代中，媒介资源的丰富程度是传统时代无法比拟的，企业可以通过自建品牌官方网站、品牌论坛、在社交媒体平台上开设品牌公众账号等方式来构建自有媒体平台。品牌还可以针对在某一特定时段的具体活动打造活动网站、社交媒体平台账号等。在传统媒体时代，企业拥有的自有媒体渠道非常局限，通常指企业品牌小册子、企业杂志、企业在零售终端运用的各种展示广告平台等。而在数字媒体时代，品牌自有媒体所搭建的网站、博客、社交媒体公众号等信息容量近乎无限大，对消费者的覆盖能力更强，通常还拥有更为畅通的反馈机制和互动渠道，目前已成为企业构建、完善以及维系品牌形象，提升与消费者之间关系的基本渠道。在对自有媒体的运营机制方面，有些企业会自建团队来管理并运营这些自有媒体渠道，也有相当一部分企业会聘请专业化的广告公司或新媒体运营机构来进行自有媒体的运营和管理。

（二）付费媒体

付费媒体是指企业或品牌通过付费的方式获得的媒介渠道资源。与自有媒体

相比，品牌对付费媒体的控制力和自主权较弱，但品牌愿意花费媒介购买费用获取的付费媒体通常是在某一领域内拥有广泛人气和巨大影响力的媒介平台。为了扩大品牌的认知度和影响力，企业或品牌会付出媒介购买费用，购买热门的或具有针对性的媒介渠道，用以投放品牌相关信息，以期利用这些媒介平台的受众资源，实现品牌营销的目标。企业之所以选择为这些媒介渠道付费，看重的是这些媒体的人气以及权威性，这些因素不仅会带来效率更高的到达率，也将为品牌形象背书，有利于正面品牌形象的构建。

付费媒体在传统媒体时代是最为关键的媒体渠道，企业在品牌构建的构成中，会购买各种付费媒体渠道进行品牌信息的传播活动，热门媒体资源往往也意味着高额的费用。事实上，在数字媒体时代，尽管企业拥有自由媒体，但付费媒体依然是品牌构建活动中的重要媒介通路，而且随着媒介技术的发展和媒介环境的变迁，付费媒体的形式也显现出更为多样化的趋势。传统时代的付费媒体主要是指电视、广播、报刊、户外媒体等，还包括品牌赞助、直邮等媒介渠道。在新媒体时代，除了传统的付费媒体之外，企业或品牌倾向于付费购买的媒体形式还包括各类门户网站、搜索引擎付费广告、社交媒体平台的广告位、电子邮件营销中的广告位等。这些类型的广告对消费者而言，都已不再陌生。在媒介的创新思路方面，很多新媒体目前也在尝试结合自身的风格、调性以及媒介传播特点，提出了原生广告的概念。例如，“凤凰网”作为新闻类网站就曾与伊利集团合作，在 2012 年发布了一则题为“中国牛仔的一天”的图片新闻，这则图片新闻聚焦于伊利集团所拥有的一个典型的新式牧场，用大量的图片反映了该牧场负责人 24 小时的主要工作内容。通过图片，消费者感受到伊利品牌对食品安全卫生问题的高度重视，塑造了伊利品牌健康、安全的品牌形象。该原生广告保持了与新闻类网站一致的风格，采用了类似于图片新闻报道的形式，相较于一般网络广告而言，更容易被网站的目标受众所接受。目前原生广告也融入包括搜索引擎和社交媒体在内的各种数字媒体的传播当中。原生广告只是目前广告形式创新的冰山一角，很多新兴的互联网媒介形态都在积极探索广告传播的新形式。

（三）免费媒体

免费媒体是指并非由企业直接发起的媒介活动，如传统媒体中的媒介报道提及或者是在线社交媒体上由消费者生成和传播的内容[①]。从免费媒体的英语表达直译过来，earned media 指的是“赚取的”媒体。赚取指的是企业在品牌营销传播的过程中，通过打造具有话题性的热门内容或具有吸引力的活动等方式，赢得免费的媒介渠道，消费者或第三方机构自愿对品牌相关内容进行转发或发表评论。

在传统媒体时代，这种免费媒体主要指企业通过开展公共关系活动所获取的免费媒体报道、消费者之间的口碑传递等；在新媒体时代，免费媒体则包含企业公共关系活动所获取的免费数字媒体版面和时间、在线口碑、消费者在社交媒体中的转发或提及以及在线评论或投票等。这种免费媒体的影响力在 WEB 2.0 时代获得了空前的扩张。在 WEB 2.0 时代，由于消费者获得了更为丰富的媒介资源，用户生成内容兴起，消费者不仅能够方便地撰写文字，还能够拍摄照片甚至是录制音频和视频，他们成为免费媒体资源中的生力军，很多成功的低成本品牌营销案例都是由于成功动员了自发参与的消费者，因而获得了大量的免费自媒体传播渠道，在此基础上取得了惊人的传播效果。2017 年，汉堡王在法国的营销活动中，就别出心裁地激发了消费者的积极性。汉堡王首先发布消息，称将会回馈给自己的 Facebook 留言最多的粉丝。一位名叫 Sullyvan 的网友给汉堡王的法国 Facebook 公众号留言数高达 637 条，因而获得了大奖。这个大奖的设置出人意料，竟是位于法国的一家汉堡王餐厅，这家餐厅的名称被改为“Sullyvan 之家”，还留出了该粉丝专属停车位，汉堡王还为这位粉丝提供了一张超级 VIP 卡，用这张卡可以在一年之内随时来汉堡王免费用餐。汉堡王制作了整个颁奖活动的视频，该视频在结尾处诚挚感谢了 Sullyvan 跟汉堡王的所有互动，还宣称，写下最多留言的粉丝在下一年也能够获得这样惊人的礼物。整个广告活动的核心就是鼓励粉丝们与品牌的互动，再加上十分有创意的活动设计，成功地在圣诞节期间引爆了

---

① Stephen A T，Galak J. The effects of traditional and social earned media on sales：a study of a microlending marketplace. Journal of Marketing Research，2012，XLIX：624-639.

社交媒体，获得了大量的转发和评论。

无独有偶，天猫在 2018 年 618 大促之间，通过一条抽奖微博，成功号召了大量的消费者转发、关注、评论和点赞，参与到互动中来。一方面，抽奖活动对消费者而言具有一定的吸引力，另一方面，天猫发动了上百家企业和品牌参与此活动。最终被抽取的幸运消费者被称为“锦鲤宝宝”，这位幸运儿会获得 618 家企业送出的免费礼物。这个活动首先因为诱人的奖品而调动了消费者参与的积极性，消费者们热情地参与转发，毕竟此次抽奖活动的规则是只要转发一次就有机会获得天猫 618 大礼包，同时消费者也纷纷讨论谁才会成为这名幸运的“天选之子”。这条微博最终获得了巨量的“免费媒体”，覆盖的微博用户总量超过 6 亿人次。当最终这名“天选之子”被公布时，此话题也因为获得大量的关注而成为微博热搜话题。此次活动的关注度在新浪微博的历史上也达到了创纪录的高度。由此案例可以看出，如果品牌充分地调动了消费者的积极性和关注热情，免费媒体会成为新媒体时代品牌传播的利器，其传播效果是不可估量的。免费媒体不仅意味着低廉的媒介渠道费用，还意味着消费者深度地参与到品牌的活动中来，刺激传播的范围进一步扩展，进一步深化消费者与品牌之间的关系，并有可能在此基础上强化消费者的品牌归属感，因而，品牌能够在此过程中获得多重收益。

在数字媒体时代复杂的媒介环境下，对于品牌所有者而言，将自有媒体、付费媒体以及免费媒体进行有机地选择和组合，打造最为经济高效的品牌营销媒介策略，对于成功的品牌营销活动而言，至关重要。

二、数字时代品牌营销与沟通的受众环境

在数字媒体时代，品牌营销沟通活动所面临的受众环境也发生了巨大的变化。这种变化主要体现在三个方面，即受众媒介使用行为出现了全天候、全场景的趋势；受众注意力更为分散；受众在传播活动中的权利增大。品牌所有者必须深入考虑这些新的变化，并在品牌营销与沟通的过程中基于这些新变化，制定战略和策略。

（一）全天候、全场景的媒介使用行为

在传统媒体时代，受众对媒介的使用受到很多局限。例如，受众对电视媒体的使用通常是在室内或休闲时间里。在户外或者通勤过程中以及工作场景中，人们一般无法收看电视节目。随着移动互联网的发展和智能手机终端的普及，受众的媒介使用行为逐渐呈现出全天候、全场景的趋势，许多媒介使用的界限被突破，消费者几乎随时随地使用智能手机接入互联网，人人都是低头族。以微信为例，研究发现，微信的用户会使用微信开展多项活动，包括记录个人生活、开展社交活动、处理工作事务、表达个人观点等。因此，微信用户群体从起床开始，几乎在一天中的多数时段都不断地开启和使用微信。微博的使用者也在一天之内多次打开微博进行刷新，了解热点新闻和事件的走向，追踪自己感兴趣的关注对象，发布自己的动态等。全天候、全场景的媒介使用行为已经成了现代人生活方式的重要标志。从淘宝公布的数据来看，利用互联网移动端进行购物的热度超过 PC 端，消费者的购物热潮在晚间 22 点左右，甚至会持续到凌晨一点。很多购买母婴用品的活动甚至发生在凌晨 4 点到 5 点。浏览购物网站和购买活动几乎可以发生在任何场景下，消费者可以在办公间隙甚至是课间休息的时候通过智能手机接入互联网实现浏览和购买。消费者也能够利用可移动的智能设备，随时随地地对品牌和产品发表评价、分享体验。

这种媒介使用行为的变化趋势使企业必须重新考虑他们的营销传播策略，以应对消费者在不同的时间节点以及特定场景下的需求和行为特点。

（二）受众注意力的零碎化

在新媒体时代，品牌营销活动能够应用的媒介资源和渠道变得更为丰富，与此同时，由于消费者可支配的时间资源是一定的，消费者每天的时间始终是 24 小时，因此，媒介资源极大丰富所带来的另一个必然后果就是由于选项增多，受众的注意力被进一步切割，受众聚焦在单一媒体上的平均时间更短，注意力更难集中。据统计，在 2017 年，苹果用户一年内平均下载的 APP 达到 45 个，比 2016

年还要多出 6 个[①]。通过对全球智能手机用户的调查发现，消费者平均每月在手机上安装的应用达到 30 个，平均每天使用的应用程序为 9 个[②]。消费者的注意力在不同媒体上频繁地来回切换给品牌营销活动带来了巨大的挑战，吸引消费者的难度日益增大。这不仅需要企业思考如何打造更有吸引力的内容，而且还需要考虑怎样的媒介组合方式才具有更高的效率。

（三）受众权力增大

20 世纪 50 年代以来，以计算机的数据处理技术与新一代通信技术的有机结合为开端的第五次信息技术革命不仅降低了信息生产与传输的成本，同时也带来了另一种革命性的变革：媒介的控制权不再被组织所垄断，互联网的触角逐渐触及社会的每一个角落，这也使社会个体的媒介赋权具备了可能性。尤其是，随着 WEB 2.0 时代的到来，互联网的交互性进一步增强。从一定意义上说，互联网原有的自上而下的由少数资源控制者集中控制主导的网络结构体系，转变为自下而上的由广大用户集体智慧和力量主导的网络结构体系。用户不再是单纯的互联网信息的浏览者，他们拥有了一个新的身份，成为互联网信息的生产者。当下，随着媒介技术的进一步发展以及网站易用性的提升，互联网用户个体的信息生产能力进一步提高。以美国著名网站 Twitter 为例，据统计，在 2013 年，Twitter 用户在该网站上一天发送的信息就已经超过 4 亿条[③]。而全球最著名的视频网站之一 YouTube 当下的全球用户已超过 10 亿人（2018 年），用户每分钟会向平台上传超过 500 小时的新内容[④]。这些数据都说明用户不仅能够非常方便地完成文字、图片信息的撰写编辑以及上传工作，还能轻松地驾驭视频拍摄、剪辑以及上传。作为互联网中的信息生产者，广大用户越来越游刃有余。正因为此，在 2006 年，《时代周刊》将当年的年度人物授予每一位普通的网民，感谢每一位网民在互联

① iPhone 用户平均去年每个人下载了 45 个应用程序. https://new.qq.com/omn/20180415/20180415A0C73Q.html，2018-04-15.

② 你的手机里有多少个 APP？看看其他人都装了哪些. https://www.sohu.com/a/134493104_407827，2017-04-17.

③ 中国互联网数据资讯中心. Twitter 日均活跃用户超 2 亿每天发送 Tweet 总量达 4 亿条. http://www.199it.com/archives/101807.html，2013-03-24.

④ 金融街. YouTube 全球用户超 10 亿 每分钟上传 500 小时新内容. http://usstock.jrj.com.cn/2018/03/15030724242792.shtml，2018-03-15

网上所生产和传播的内容。

互联网用户不仅成了信息的生产者，用户之间的互动也更为频繁。互联网用户能够随时随地发布和交换自身对于企业、品牌的经验和评价。基于自己的需要，网络用户能够通过搜索引擎、社交媒体网站、互联网论坛等渠道自由地搜索、讨论、分享、交换他们感兴趣的品牌信息。这些行为带来了用户生成内容，继而形成了大量的网络口碑。网络口碑在当下已经成为消费者感知品牌信息，做出购买决策的重要信息来源。在这种沟通和互动的行为过程中，互联网用户呈现出很强的能动性。与传统时代相比，互联网用户在品牌营销过程中明显获得了更大的权力，并直接对品牌形象的构建产生了全方位的影响。

对于企业而言，必须直面受众权力增大这一趋势，在品牌营销活动中充分考虑新媒体时代消费者的角色和能动性，才能够在品牌建构战略中取得有利位置。

三、数字时代品牌形象构建的关键词

如前文所述，数字技术的发展带来了品牌营销媒介环境的巨大变化，这种媒介环境的变化又同时伴随着品牌营销主体（品牌所有者）与客体（消费者）关系的变化。这种权力关系的变化主要体现在权力对比方面：品牌所有者的控制权在一定程度上削弱，消费者则在权力的天平上拥有了更多的砝码，换言之，消费者控制权和主动权增强，这也代表着消费者在传播活动中有了更多参与的可能。随着消费者通过各种方式主动地参与到品牌信息传播过程中来，消费者进一步深层次地卷入品牌构建活动中，品牌与消费者之间的关系也因此得到深化。在此基础上，数字时代品牌形象建构的重心也发生了一定的转移，品牌所有者需要顺势而为，与消费者建立一种合作、共创、共赢的关系。为了实现这样的目标，数字时代品牌形象的建构有三个关键词：体验、互动和参与。在这三个关键词中，互动和参与是相辅相成的。

（一）良好的品牌体验是品牌构建的首要因素

品牌构建的环节是首先逐步建立消费者对品牌的认知，继而建立对品牌的认可乃至忠诚。由此可见，消费者对品牌的认可和忠诚必须建立在消费者对品牌有着充分了解的基础上。为了建立消费者对品牌的认知，品牌营销给消费者带来的良好体验是首要环节。

构筑消费者良好的在线品牌体验必须考虑消费者品牌接触行为模式的变化。首先要对消费者每一个可能的在线品牌接触点进行优化。例如，当下，消费者发现自己有某种需求时，往往会首先通过搜索行为来获取相关信息，通过搜索引擎的引导，又会进一步在各种品牌官网和论坛上进一步深入研究。因而，越来越多的品牌在搜索引擎优化、自有媒体建构等方面采取各种手段，提升品牌相关信息的可搜索性，增强自有媒体使用的便利性、提高网上呈现的内容质量，以便提升消费者的满意度。与此同时，也有很多消费者会被各种在线展示广告的内容所吸引，进而更深入地了解品牌信息。在这种情况下，各类在线展示广告的创意水平就显得非常重要。除此之外，品牌还需要考虑通过采用各种新技术手段，打造消费者独特、新颖的品牌在线体验。尤其是随着智能手机以及其他智能可穿戴设备的发展，各种 AR 技术、VR 技术被逐渐运用于消费者品牌体验的打造，也取得了突破性的效果。自 2017 年以来，淘宝引入了“试衣间”功能，这一功能能够帮助消费者实现虚拟在线试衣，同时 360 度旋转展现衣服穿着效果，提升消费者互联网购物体验，以帮助消费者做出购买决策。

更重要的是，良好的在线体验的打造不仅仅提升了消费者对品牌的认知和理解，还有可能进一步促使消费者与品牌形成对话和互动，甚至参与到品牌的营销传播活动中来，实现与品牌价值的共创。例如，老牌国货百雀羚曾在微博上投放了“花 young 百出”系列广告月历连载。在这个系列广告中，百雀羚将自身品牌形象融合了各种珍奇花卉、鸟类，选择传统国画的绘画风格，打造了一系列具有中国风的品牌画报。在渠道方面，百雀羚选择与新浪生物科普方向的大 V 合作，结合百雀羚的官方微博，连续两个月每天向公众进行推送。唯美、独特的日历式广告给消费者带来了个性化的审美体验，因而在社交媒体上的传播大获成功。这种良好的品牌体验激发了粉丝们反馈和互动的热情，在社交媒体上，粉丝们回复“太好看了，每一幅都想存下来”，还有很多粉丝在两个月的时间里像追剧一样追踪百雀羚的广告连载。国货、中国传统文化这些品牌关键词与国画风日历广告充分融合，形成了个性独具同时又风格凸显的优质内容，在这个案例中，关键点就在于品牌优质内容的创意给消费者带来了积极的品牌体验，消费者对于品牌宗旨和品牌调性的认知进一步深化，他们与品牌的互动热情也进一步被激发出来，消费者最终成为品牌价值的传播者和参与者。

在运用数字技术优化消费者品牌体验方面，英国时尚品牌巴宝莉也进行了很多大胆的尝试。早在 2011 年，巴宝莉品牌在伦敦举行时装秀时，就采取了在互联网上进行直播的方式，使全球消费者都能够实时观看时装秀的过程。2012 年，当巴宝莉品牌在台北的旗舰店开张庆典时，公司又一次使用了在当时更为新颖的 3D Stream 时装秀，这样，远在伦敦和芝加哥的消费者都可以如身临其境般观看到此次活动的现场活动。2013 年，巴宝莉又一次尝试了新技术，开展了名为“巴宝莉之吻”（Burbcrry Kisses）的创意活动。巴宝莉品牌与谷歌合作，消费者只要使用谷歌的 Chrome 浏览器，登录品牌为此次活动搭建的 kisses.burberry.com 网站，然后对准摄像头献上一吻，然后撰写你想要表达的内容，从屏幕左方的 5 支巴宝莉新款口红中挑选一只，用以封缄信封的唇印颜色就会根据消费者的选择而确定。接下来，消费者可以通过逼真的 3D 效果场景看到以自己的唇印封缄信封的邮件漂洋过海，到达目的地，这使消费者体验到非常浪漫的感觉。巴宝莉同样也考虑到参与活动的男士的体验，他们也提供了无唇膏的唇印选项。参与此次活动的消费者能够体验数字时代如何跨越时空，以吻传情，也能够更为深刻地体验到品牌传达的浪漫巧思，因而产生的品牌印象是非常深刻的。

由此可见，通过各种数字技术打造和优化消费者对品牌的在线体验，彰显品牌的主张和价值，绝对不是可有可无的品牌营销选项。在数字时代，优化和提升消费者的品牌在线体验已经成为关键环节，需要企业给予充分的重视。

（二）互动和参与行为深化消费者与品牌的关系

当消费者积极与品牌互动，进而成为品牌活动的参与者而不是局外旁观者时，他们的感受会因身份的不同而发生变化。尤其是在社交媒体时代，消费者有着极为便利的互动和参与渠道，他们可以通过点赞、转发、评论等方式不同程度地参与到品牌营销活动中来。这些参与行为反映了消费者对品牌的认可和支持，也使消费者与品牌归属于同一阵营，实现了对品牌的共创。

例如，在可口可乐品牌策划的使用可乐瓶盖拨打国际长途的案例中，成功地动员了各层次消费者多维度的参与品牌营销活动，取得了巨大的成功。这个营销活动首先在迪拜展开。在全球消费者的眼中，迪拜是代表着财富与繁华的城市，然而，在流光溢彩的城市景象背后，也有大量来自南亚等地区的外来务工人员为了家庭生计，在迪拜酷热的工地上每天从事着繁重的劳动。对他们而言，尽管背井离乡，想念家人，但越洋电话的费用相对于他们的收入显得非常昂贵，与家人通话联系都成了一种奢望。可口可乐特别设计制作了可以投可乐瓶盖代替投币换取通话时间的电话亭，每一个瓶盖能够换取 3 分钟的国际通话时间，来自南亚等地区的务工人员只要喝一瓶可乐，留下瓶盖就能够获得与家人通话的机会。这个营销活动被拍成了宣传视频，上传到 YouTube 网站上，很多人被视频中的内容所感动。短时间内，该视频获得了大量的观看、评论和转发。

这一活动深刻体现了可口可乐品牌的人文关怀，以及分享快乐、幸福的品牌主旨。这种清晰、健康的品牌诉求通过短片感性的风格和内容打动了众多的受众，也使可口可乐的品牌形象因此更为厚实。与此同时，可口可乐这一营销活动的用户参与也是多层次的。在这个集可口可乐瓶盖获取免费通话时间的案例中，南亚等国的务工人员通过购买可乐参与到活动中来，他们保存并使用瓶盖换取与家人的通话时间。这种参与的行为说明了消费者对于可口可乐品牌活动理念的认同。在接下来的宣传视频中，这些活动的响应者成了被拍摄的对象，他们在视频中的表现成为品牌价值构建的重要部分，这部分消费者也更深层次地参与到品牌营销活动中来。而在这个视频的传播环节中，社交媒体用户通过观看、点赞、评论、和转发的途径，不同程度地参与了这个活动。观看和点赞的行为表现了受众对此品牌活动的认可；评论行为表现了受众被品牌信息触动而产生的互动、反馈欲望，同时，评论行为也生成了网络口碑。转发的行为不仅意味着受众认可品牌的主旨和价值观，还说明他们愿意在自己的社交网络中展现自己对该品牌的支持和认同，为品牌背书。

在数字品牌营销的过程中，越来越多的品牌意识到消费者互动和参与对于品牌形象构筑的重要意义。相较于单纯的吸引消费者观看，邀请消费者互动和参与会带来消费者对品牌更深刻的理解和认同，从“旁观者”到“参与者”，消费者的身份变化带来了立场的变化，也会进一步带来消费者与品牌关系的本质变化。

第二节 运用多种数字媒体渠道展开品牌建构

在传统媒体时代，媒介资源稀缺。因此，在企业品牌建构的过程中，需要花费大量的媒介购买费用来获取信息传播渠道。由于传统媒介渠道价格昂贵，企业对品牌相关的大量信息内容必须进行精心的选择和取舍。这种现象导致企业很难向消费者传达丰富的、全方位的信息，与此同时，消费者能够获得的品牌信息是极其有限和片面的。更重要的是，传统媒体时代的消费者缺乏与企业进行沟通和互动的渠道，即使他们想要了解品牌相关信息，也很难获取。消费者在整个品牌建构的过程中，处于信息传递的接受一方，扮演的角色是非常无力和被动的。

在数字时代，媒介资源极大丰富。与此同时，随着 WEB 2.0 时代的到来，消费者拥有了更为多元化的渠道与品牌展开互动。在这样的背景下，通过企业（品牌）网站、搜索引擎、互动展示广告以及社交媒体，企业品牌构建的路径、方法也变得更为复杂和多元。

一、企业（品牌）网站

企业（品牌）网站属于企业的自有媒体是指企业（品牌）所拥有的，具有权威性的官方互联网信息平台，这是企业品牌建构活动所依托的最为重要的互联网信息平台之一。从目前来看，企业（品牌）官方网站具有三个显著特点。

（一）内容丰富性和海量性

理论上说，互联网信息存储技术的发展以及超链接的信息链接方式使企业能够将无限的信息通过官方网站来展现。当然，在现实中，企业一定会根据品牌的特点和消费者对信息的需求对信息进行筛选和组织。总体而言，企业（品牌）官方网站作为权威的信息平台，为企业提供了能够自由利用的海量信息存储空间，使企业能够充分地将各种品牌相关的重要信息以丰富的方式展现出来。

内容丰富性还展现在信息的表现形式方面，企业能够将各种数字媒体技术运用到官方网站上来。企业的信息传播并不仅仅局限于传统的文字、图像、音频、视频等方式。在当下的企业官方网站中，各种多屏互动都能够方便地实现。企业还可以将网站的设计结合各种可穿戴设备，运用 AR、VR 等先进的形式和丰富的表现形式，使品牌信息的传播变得更为鲜活、生动。

（二）传播自主性

企业（品牌）网站是由企业自主拥有和控制的信息传播平台，因此，在不违背法律和道德的前提下，企业对这一信息平台具有完全的掌控权。企业能够根据品牌的特点和调性，结合目标消费群体的特点，全盘考虑设计个性化的网站风格、结构。同时也能够系统地、充分地展现品牌相关信息内容。随着企业和品牌的不断发展，网站的内容也能够自由地、即时地进行维护和调整。网站还能够根据品牌在不同阶段推出的营销活动，打造相应的活动页面。只要不违背法律和法规，企业完全能够自主地发布各种信息，预先也不需要来自第三方任何的批准审核程序，非常的方便快捷。总而言之，企业（品牌）网站是最为典型的自有媒体，是完全由企业耕耘的“一亩三分地”，也是综合展现品牌信息，打造品牌形象，与消费者展开沟通的大本营和根据地，需要精心设计和策划。

（三）成本低廉

在传统的品牌营销传播过程中，在各种支出中占比最大的通常都是媒介渠道购买的费用。通过企业（品牌）官网进行品牌营销传播活动，渠道费用几乎为零，这大大降低了信息传播的成本，也是企业（品牌）官网最突出的优势之一。因此，企业能够通过网站的合理化构建，以低廉的成本，充分、合理化地展示品牌相关信息，使有对品牌有兴趣的消费者通过浏览企业网站获取充分的信息。

基于企业（品牌）官方网站的特性，品牌所有者应当针对消费者需求，充分考虑品牌的定位、主张、调性、风格来构建网站。

第一，企业（品牌）网站应当具有鲜明的个性化特征，详细阐明品牌的主张、竞争优势以及价值观。第二，企业（品牌）官网应当承担品牌日常信息的发布功能，如品牌的相关新闻、新产品发布、经营情况等。由于企业（品牌）网站具有传播自主性、便捷性，这些日常信息应当及时更新。并且这些信息呈现的结构框架应当考虑便于消费者搜寻和浏览。第三，企业（品牌）官网的设计应当充分考虑消费者的反馈以及互动的需要，应当设计合理、便利的反馈和互动渠道，为消费者答疑解惑。有些企业（品牌）官网也包括能够支持用户之间相互交流沟通的社交功能，品牌用户可以应用这种功能，分享自己的感受和体验。第四，企业（品牌）官网是成本低廉的品牌活动传播渠道。品牌的特定活动可以以官网为根据地，在官网建立活动相关的专门网页，通过专门网页来介绍、传播、开展品牌营销传播活动。第五，随着电子商务的发展，很多企业（品牌）的官网都逐渐被发展成为支持品牌用户进行在线交易的互动平台。从未来的发展趋势来看，企业（品牌）的官方网站应当着眼于构建支持品牌关系营销的，有着完全交互功能的平台。

以特斯拉汽车中国网站为例，其官方网站上展现了不同款式车型的详细信息，消费者可以通过点击自己感兴趣的车型，进入相应的页面，通过文字、图片、视频充分了解各种配置以及技术层面的信息。消费者还可以通过品牌官网，实现预约驾驶、支付定金、订购新车以及获得二手车等相关服务。消费者也能够通过官网了解特斯拉车主的故事。在这些故事中，通过以图片为主的方式，车主们展现了他们的实际使用体验和追求，给未来潜在的消费者提供了选购特斯拉产品的参考。在特斯拉的官方网站上，还有一个非常引人注目的页面，该页面的标题是“减少碳排放”，这个页面内容以动画的方式，实时发布作为新能源汽车品牌特斯拉与中国的该品牌使用者们一起在减少二氧化碳排放、保护地球环境方面所做的努力。在“减少碳排放”这一页面中，人们可以清晰地看到中国各个城市中特斯拉车主由于采用新能源车而减少的二氧化碳排放的实际重量，这个数据在不断跳动、增加，显示了特斯拉品牌的环保理念。而且，在这个页面中，做出贡献的是特斯拉品牌及广大车主，也就是说，广大车主和品牌站在同一阵营中，共同为保护地球环境做出了贡献。这样的设计进一步强化了车主对品牌的归属感。网页中还显示了特斯拉所实现的全球二氧化碳减排数量。特斯拉网站还设有官方资讯板块，此版块不仅包含企业发展的最新新闻动态，还就消费者和其他公众关心的焦点问题不断进行信息发布。例如，该板块发布了消费者所关注的特斯拉出现事故的详细说明，帮助消费者答疑解惑。

结合特斯拉的案例，不难看出，在数字时代，企业（品牌）网站不仅应当是独具风格，展现品牌个性的权威信息平台，也应该成为品牌与消费者之间互动的便捷渠道。在品牌构建的过程中，企业（品牌）官网的作用是无法替代的。

二、搜索引擎

2016 年，谷歌公布了企业运营数据，其中，每年人们使用谷歌进行搜索超过 2 万亿次，这意味着不计算其他搜索引擎的情况下，谷歌每秒处理的搜索超过 63 000 次，每分钟则达到 380 万次①。全球的网络用户每天运用各种搜索引擎，无数次就自己感兴趣的主题进行搜索，在数字媒体时代，搜索不仅成为现代人的一种生活方式，同时也成为消费者旅程中的关键环节。

当消费者感知到自己有对某种产品或服务的需求时，自然而然地会转向搜索引擎，通过搜索来获取相应的产品或服务的各种信息。当消费者对某一特定品牌发生兴趣时，通常的做法也是使用搜索引擎进行信息的查找。因此，不难看出，通过搜索引擎进行相关信息的搜寻是消费者构建品牌认知的重要一步，也是导致消费者最终做出购买决策的重要影响因素。从一定意义上来说，搜索引擎的发展给营销方式带来了革命性的改变：消费者第一次获取了方便易用的信息检索工具，消费者的检索历史也给企业带来了品牌信息分发的精确方向。在品牌营销传播的过程中，非常关键的问题是需要在大量的消费者中，确认最有可能与品牌发生关联的潜在消费者。如上文所述，消费者的所做的搜索是基于需求产生的，反过来，采取了特定搜索行为的消费者与一般消费者相比，其需求更容易被识别和确认。这就决定搜索引擎营销是有的放矢的营销活动，具有针对性强、见效快等特点。例如，如果一名消费者近期在互联网上搜索了婴儿奶粉，那么，相关的企业对其进行婴儿产品信息的推送将会有更好的效果。

---

① cnBeta. 谷歌搜索能力最新统计 2016 年每秒处理 63 000 次以上. www.chinaz.com/news/2016/0526/535020.shtml, 2016-05-26.

在这样的背景下，企业对于搜索引擎营销普遍给予了充分的重视。大量的企业都使用了付费搜索营销的方式，希望通过付费使自己所拥有的品牌能够出现在消费者搜索结果页面的醒目位置。关于搜索引擎营销企业需要关注两个关键问题。

（一）如何提高搜索引擎广告的转换率

通常情况下，搜索是消费者试图获取品牌相关信息的先导步骤，消费者还需要对通过搜索获得的品牌信息进行分析、处理、比较，才可能做出最终的购买决策。搜索引擎营销的最终目的不仅是在搜索结果中获得最好的排名，而且还要设法留住更多的客户。那么，如何提高搜索引擎营销的转换率，让更多对品牌感兴趣的潜在消费者采取行动，成为品牌的实际消费者？这是搜索引擎营销需要思考的重要问题之一。

兰蔻品牌在提升转化率方面，进行了有效的尝试。消费者在百度上搜索“兰蔻”品牌时，搜索结果页面的最上端不再是普通的文字链接，而是图文并茂、生动鲜活的兰蔻品牌网上商城，网上商城支持消费者与品牌的互动，并提供了方便的购买通道。通过这种方式，互联网上的品牌潜在消费者被直接导入品牌的 B2C 网站，广告主还可以直接编辑商城页面信息，使各种最新品牌营销信息前移，从而实现企业对搜索引擎营销中所展示的品牌形象进行直接管理。通过这种方式，兰蔻品牌关键词搜索的转化率得以提升，因此而产生的销售也大幅度提高。

（二）如何更好地使用搜索引擎优化技术

尽管企业可以通过付费搜索的方式干预消费者的搜索结果，使企业所拥有的品牌相关信息在搜索结果中处于更醒目的位置，从而导致消费者的选择和浏览，但是，付费的方式一方面会增加企业的广告投入成本，另一方面很多消费者倾向于跳过搜索列表中的广告专区，直接点选搜索引擎产生的自然列表。消费者的这种倾向是企业必须关注搜索引擎优化技术的根本原因。然而，消费者搜索行为的复杂性以及网页的动态性，使得搜索引擎优化的工作变得非常专业，且需要及时调整。但是，搜索引擎优化的基本原则是明确的，那就是需要深入研究目标消费者的搜索行为，分析他们的搜索关注点和行为偏好，结合具体搜索引擎的算法，针对目标消费者的特点来实施搜索引擎优化的策略。

2007 年，美国联合航空公司（United Airlines）通过运用搜索引擎优化技术，在没有增加广告预算的情况下，成功地将搜索产生的销售业绩提升了两倍。美国联合航空公司对消费者进行了深入的调研后，发现消费者在做出机票的购买决策之前，大部分都会对机票相关信息进行搜索。其中 65%的消费者会在做出旅行决策之前，进行至少 3 次搜索活动；29%的消费者甚至会进行 5 次以上的搜索活动。用户搜索活动所关注的信息主要包括三个方面：价格、服务，以及航空公司的详细信息[①]。基于此，美国联合航空公司有针对性地对这三个方面的品牌信息进行了关键词设定以及结果呈现方面的优化，对消费者进行最有效的关键信息传达，从而在消费者做出决策之前实现成功的品牌沟通活动。也因此拉动了品牌的销售业绩。

由此可见，在搜索引擎重要性日益凸显的今天，品牌所有者必须深入思考搜索引擎营销的战略和策略，通过个性化的方式提升搜索引擎营销的效率。

三、互动展示广告

展示广告（display advertising）是指发布在网站或手机应用上的包含横幅广告以及其他广告形式在内的网络广告。互动展示广告则是指加入了互动功能的展示广告。互动展示广告在品牌营销传播中具有重要的意义，其功能主要包括以下方面。

（一）传播信息内容、打造品牌形象

在线展示广告的创意基于品牌个性和主张，从消费者的心理出发，构建富有吸引力和创新性的信息内容，传达品牌形象及价值观，能够使消费者更好地建立对品牌的认知、理解和认同。传播品牌相关信息内容是建立、强化消费者对品牌认知的关键一步，也是品牌展示广告创意的落脚点之一。通过创新的方式打造品牌形象也是展示广告的重要功能。很多品牌都创新性地应用各种数字技术，打造精美的品牌展示广告，深深地吸引了广大目标消费者。随着数字技术的发展，各种展示广告的互动方式也获得突破，既有消费者与品牌的直接互动，也包括品牌

① 李璐. 搜索引擎营销成功案例（二）. http://abc.wm23.com/lilu/51852.html，2010-11-09.

与品牌之间，品牌广告信息与其他智能设备之间的互动。这种丰富的互动更进一步加深了消费者对品牌的印象。

例如，汉堡王曾在美国 Direc TV 这一电视台上播出过一支不停旋转的汉堡视频广告。消费者所要做的就是凝视这个旋转的汉堡，只要凝视的时间够长，就能够获得免费的汉堡。在汉堡王的另一支广告中，更是展现了不同品牌之间，甚至是品牌广告与智能设备之间的互动可能性。在这支广告中，一个身着汉堡王工作服，手举着汉堡王皇堡的男子站在汉堡王快餐店中，他对着镜头说："下面你将会看到一支时长为十五秒的汉堡王广告，但是，遗憾的是由于时间有限，我们无法将这个汉堡中所使用的新鲜原料一一展示出来，不过，我有一个好办法。Okay，Google，what is the whopper burger？"这支广告的玄机就在于最后的这句"Okay，Google，what is the whopper burger？"因为这句话能够触发由 Google 所开发的一款智能家居机器人 Google Home。当此款智能家居产品听到"Okay，Google"的触发指令时，就会被激活，接下来该款智能设备便会在互联网上搜索"什么是皇堡"，然后将维基百科上"皇堡"的词条念出来。由于这支广告的巧妙设计，很多家庭中的 Google Home 智能家居设备被触发，自动地开始播放维基百科中汉堡王皇堡的相关信息。这个过程一方面充分传播了品牌相关的信息（通过智能家居机器人诵读维基百科中的"皇堡"词条），另一方面也唤起了消费者对于汉堡王和谷歌两个品牌的关注。更具启发意义的是，由于维基百科中的词条是支持用户参与编辑和修改的，很多消费者也因此参与到这次广告活动中来，他们恶作剧地修改了维基百科中"皇堡"的词条，使 Google Home 智能机器人念出来的对"皇堡"的解释变得荒诞可笑。这种恶搞式的修改进一步提高了汉堡王以及谷歌品牌的关注度，也导致这次营销活动进一步在社交媒体平台上二次发酵，很多消费者参与到对汉堡王此次广告活动的讨论和相关信息的转发中来。许多媒体也参与到对这一热点事件的报道和讨论中。不过，这支广告也因为故意触发 Google Home 智能家居产品，引起了一些投诉。可以想象，在消费者不经意的情况下，家中的智能机器人突然开始发声，诵读汉堡王皇堡的相关信息，不仅让很多用户感到被打扰，更导致很多智能家居用户开始担忧：如果其他的品牌，甚至是个人或机构恶意触发智能家居设备，那么带来的后果是难以预估的。

谷歌因此迅速修改了其智能家居产品的设置以避免这种恶意触发的发生。这支广告也迅速激起了很多消费者、企业乃至广告行业对互动广告形式的思考。因此，人们赞叹互动广告的新颖创意的同时也开始讨论另一个问题：互动广告的边界到底在哪里？互动广告在不经许可的情况下触发智能家居产品带来的隐患如何规避？从这些案例可以看出，互动展示广告的创意空间远远超出了传统广告，能够更大限度地实现品牌的增值。当然，品牌拥有者也需要审慎思考互动的形式和途径，以免引发麻烦。

（二）通过互动展示广告促成消费者的购买行为

当下，很多互动展示广告中包含活动或购买的链接，能够促使消费者实现从认知、情感到行为层面的联动。

例如，美国连锁超市品牌塔吉特就将万圣节购物的展示广告与购买链接别具一格地连接起来，起到了直接促成消费者购买的效果。在万圣节购物预热广告中，该品牌应用了 YouTube 视频网站的 360 度浏览的功能，帮助消费者实现一种沉浸式的体验效果。在塔吉特的案例中，消费者首先能够在 YouTube 网站上浏览一段万圣节相关的展示广告，在影片结束时，屏幕的右上角出现一只骷髅手，手指指向一个按钮。当消费者按下按钮之后，就会进入一个菜单页面。在这里，消费者可以自主选择接下来要进入哪一个房间进行浏览。无论消费者进入哪一个房间，都能够 360 度全景式地浏览房间的每一个角落，在每一个房间中，消费者都会看到不同的故事。重点在于，在每一个故事的场景中，如果消费者对其中布置的物品感兴趣，点击该物品，就能够进入塔吉特超市可以购买该物品的链接。在这个案例中，通过 360 度全景式浏览的技术以及巧妙的创意，消费者在娱乐的过程中，获得了一种身临其境般的趣味线上品牌体验，不知不觉地体验到塔吉特超市为消费者提供的万圣节相关产品特点，而且可以非常方便地由视频广告链接到购物的页面中去，这种关联非常自然，使消费者在获取娱乐和探索悬念的过程中，顺理成章地过渡到购物的阶段。

（三）通过互动展示广告，获取更多目标消费者的沟通渠道信息

当下，很多品牌在互动广告的创意过程中，都会考虑设计消费者反馈的入口，

并通过消费者反馈的内容，搜集潜在目标消费者的具体沟通渠道信息，如电子邮件地址等，这也为品牌下一步的营销沟通活动打下了基础。

总体而言，互动展示广告一方面继承了传统广告强调创意，强调广告内容对消费者的冲击力和吸引力的特点，另一方面，互动展示广告在新技术的支撑之下有了更广阔的创意空间和创意可能性。更重要的是，互动展示广告的创意重点发生了一定的变化，创意者应当重点思考如何设计沟通与互动的环节。互动展示广告不是简单地给消费者讲一个打动人的故事，而是需要吸引消费者实际地参与到品牌信息传播的过程中来，与品牌之间形成对话和交流，甚至是促成消费者实际行动的发生。因此，在目前的品牌营销传播过程中，互动展示广告仍然扮演着吸引消费者的注意以及构建消费者对品牌认知的重要角色。

四、社交媒体

进入 WEB 2.0 时代之后，社交媒体成为品牌营销传播的重要平台。

一方面，品牌可以通过品牌自建的或第三方论坛、社交媒体公众号发布各种信息，与消费者展开充分的互动与沟通。例如，小米品牌通过官方微博以及 CEO 雷军的微博，频繁发布产品和品牌相关信息，解答消费者所提出的问题，使消费者能够及时获取各种信息，使品牌的活跃度大大增加，有利于消费者与品牌之间关系的构建。

另一方面，品牌可以充分利用社交媒体的特性，以具有话题性和吸引力的优质内容增加品牌热度，扩大品牌影响力，并充分调动受众的积极性，促进品牌信息在受众中被不断转发、扩散和讨论，这种信息的扩散方式宛如病毒的传播，因而又被称为是病毒式营销，在这个过程中消费者的在线口碑不胫而走，高效地放大了社交媒体营销的传播效果，且传播成本低廉。这种利用消费者所占有的媒介信息网络进行信息扩散，动员、号召消费者参与品牌信息内容构建的行为对品牌而言是非常关键的。

在以社交媒体为依托的病毒营销的过程中，有三个关键点需要关注。

（一）识别在社交网络中真正愿意分享自己意见的用户，展开充分互动

在社交网络中，如果每一个用户代表一个传播的节点，那么不同的节点在传播活动中所起的作用是不同的。有的用户（节点）是活跃的信息发布者，有的用户（节点）扮演着转发者的桥梁角色，大量的用户在社交媒体中是相对沉寂的，他们在社交网络中往往只有浏览行为，极少进行信息的生产和发布。从品牌信息传播的角度来看，不同的用户对品牌的态度有所不同，有些品牌粉丝是忠诚的品牌支持者，有一部分可能只是为了获取某种利益如优惠券才关注了品牌。由此可见，由于用户在社交网络中的作用有着巨大的差异，因而，在品牌营销传播活动中，需要辨认、识别真正能够在传播过程中起到关键作用的用户（节点），精心维护他们与品牌之间的关系。

例如，汉堡王发现尽管其品牌在 Facebook 上拥有几万名的关注者，但这些关注者并非都是品牌的忠实粉丝，其中有些甚至经常对汉堡王品牌进行吐槽和批评。2013 年，汉堡王品牌展开了一场 Facebook 粉丝测试活动。在测试活动中，如果一名粉丝与汉堡王签订合同，永远解除对汉堡王品牌主页的关注，就能免费获得一个麦当劳的“巨无霸”汉堡。这次活动的反响非常热烈，很多“伪粉丝”解除了对汉堡王品牌的关注，导致汉堡王在活动结束时损失了超过 30 000 名粉丝，剩余粉丝数量仅剩下 8 000 名。这个看似惨烈的结果并没有宣告此次社交媒体营销的失败，事实上，尽管数量大大减少，但是，“吹尽狂沙始到金”，经历了考验，抵抗了诱惑，没有为获取免费的麦当劳而动摇的品牌拥护者都是汉堡王品牌的忠实粉丝，粉丝与品牌之间的联系经过此次筛选活动变得更为紧密，剩余粉丝与品牌的互动率也大大增加。最终，这次不同寻常的“减粉”行动也成为网络热议的话题，使品牌在媒介上的曝光率大增。汉堡王此次品牌活动的特殊之处就在于，通常情况下，品牌在社交媒体平台上开展的营销活动大多都以增加粉丝为目的，汉堡王则完全是反其道而行，这就打造了有吸引力的“话题”，引发讨论和关注，成功地开展了病毒营销。更重要的是，汉堡王通过此次活动，发现了最为忠诚的同时也最具活力的粉丝群体，这些粉丝与品牌的关系也在“筛选”的过程

中被进一步强化，这为后续品牌营销活动的开展打下了良好的基础。

（二）选择合适的时机，开展信息传播活动

对于社交媒体营销而言，时机非常重要。在关键的时间节点，结合品牌形象特色，进行借势营销也能放大社交媒体营销活动的影响，为品牌赢得更多的关注和免费媒体，事半而功倍。

例如，高考是中国社会普遍关注的重要事件，每年的 6 月 7 日、6 月 8 日前后，所有的高考相关人群以及媒体都绷紧了神经，全社会也都聚焦于高考这个关键词。很多品牌抓住这个重要时间节点开展社交媒体营销，如杜蕾斯、百度外卖、统一老坛酸菜牛肉面、晨光文具等，这些品牌的广告活动搭上了高考这一热点事件的顺风车，在社交媒体上被广泛关注。杜蕾斯的高考主题广告尤其引人注目，其创意紧紧抓住 6 月 7 日、6 月 8 日这两个敏感时间点，结合禁忌性的话题，引发了大量的讨论和转发。不仅仅是利用高考这一重大事件，杜蕾斯品牌一贯善于在社交媒体营销的过程中充分利用各种合适的时机和重要的时间节点，借势传播。无论是高考还是情人节、刘翔惜败奥运会还是李娜退役，都能够成为杜蕾斯创意的灵感。这种选择合适时机进行营销的思路是品牌社交媒体传播策略的重要原则，往往能在病毒营销的过程中起到很好的借势和助力的作用。

（三）打造优质内容成为引发病毒传播的源头

消费者不会无缘无故地加入病毒传播的过程中来。一名消费者如果愿意参与转发、讨论品牌营销传播的内容，一方面可能由于能够通过这些参与和活动行为获得实际的利益，另一方面也可能是因为他被内容打动，产生了共鸣。只有真正优质的内容才能真正打动消费者，使他们愿意分享和讨论这些内容，进而引发社交媒体的热议和传播。这种优质内容或者是有着具有社会责任感以及深远意义的话题，或者是新鲜有趣、充满娱乐性的内容。当下，很多企业在品牌营销传播的过程中不遗余力地进行尝试，试图通过高质量的内容，打动目标消费群体。

例如，联合利华旗下的多芬品牌多年来在全世界范围内不断开展关于女性美（real beauty，真正的美）的探讨。这种探讨突破了单纯对商业利益的追求，涉及女性对自己的认知和评价、异性对女性美的认知以及美的标准等具有社会意义

的话题，凸显了品牌的社会责任感。与此同时，在开展此营销的过程中，多芬采用了多种调研手段，如在大范围内针对女性美的话题进行调研、街头访谈、实验等方式，这些对真实消费者的调查和采访的内容非常具有震撼力与说服力，发人深省。在营销活动开展过程中，多芬品牌多次成功地运用了社交媒体平台，打造震撼人心的内容，激励消费者思考相关问题并参与讨论，这也导致了舆论的二次发酵，引起传播热潮。法国矿泉水品牌依云自 2009 年起，打造了"活的年轻"(live young) 广告战役，其中，以"依云宝宝"为主角的视频广告采用了先进的技术，展现了小婴儿充满活力的溜冰等幽默、有趣的场景，迅速抓住了消费者的注意，很多消费者将有趣的视频内容在社交媒体中转发，引发病毒传播，使品牌曝光率大大增加。尝到甜头的依云品牌也在 2009 年之后不断打造新的视频广告，但这些视频依然以"活的年轻"为主题，并且在视频中持续使用令人惊叹的"依云宝宝"形象。这些视频广告取得了巨大的成功，每一次都在社交媒体中获得了大量的好评和转发，更重要的是，持续使用"依云宝宝"的形象在品牌打造的过程中保持了延续性，也使消费者对依云的品牌理念有了更牢固的记忆。

在当下，社交媒体阵地对于品牌营销意义日渐凸显，品牌需要本着开放、透明的精神，寻找合适的用户 (传播节点)，设立明确的目标，选择合适的时机，构建优质的内容，才有可能占领这片重要阵地，实施有效的品牌营销传播活动。

第三节　社会化媒体与数字品牌营销

随着媒体技术的不断发展，只要消费者拥有接入互联网的入口，具有使用互联网的能力、意愿以及合适的设备，他们就能够参与到品牌建构活动中来。消费者实际参与数字品牌营销将会使消费者与品牌之间的联系更为紧密，甚至形成牢不可破的关系。当然，消费者与品牌之间的关系也是动态的，并非在建立之后就牢不可破，而是需要不断巩固和维护的。正因为此，品牌必须通过各种数字媒体渠道，构建与消费者保持沟通的机制，动态监控品牌与消费者之间关系的发展情况并做出及时的反应。在此过程中，品牌必须充分重视社会化媒体，这是因为社会化媒体平台目前是消费者接触频率最高的网络媒体之一，也是消费者进行内容生产和信息传播的重要阵地。更重要的是，社会化媒体体现了消费者的社会关系网络，因而在品牌相关的口碑生成之后，能够在这种社会关系网络中迅速传播开来。基于此，很多品牌都对社会化媒体的营销投入了大量的精力。通过企业对社会化媒体营销的成功布局，消费者能够真正参与到数字品牌营销的过程中。通过品牌对社会化媒体的动态监控和快速应对机制，消费者与品牌之间的互动关系才能保持健康的状态。

一、消费者参与数字品牌营销

在当今的品牌营销领域中，消费者参与数字品牌营销的重要背景是以消费者为中心的营销理念的建立。在激烈的市场竞争中，企业越来越深刻地认识到，品牌的构建活动需要基于对目标消费者的需求和价值主张进行调研和分析的基础上，以满足消费者的需求为导向来开展品牌战略和策略的计划。在此基础上，消费者才能真正认可、接受品牌的主张，并结合自己的品牌体验，与品牌展开积极的互动，进而一步步参与到品牌价值的创造、传播和扩散中来。因而，很多品牌深入思考了如何动员消费者参与打造个性化品牌产品，这是消费者参与品牌价值创造的源头。另外，如何打造有效的平台，使消费者能够方便地参与到与品牌的互动过程中来，也成为很多品牌营销推广战略构建中的重要方向。

（一）消费者参与打造个性化品牌产品

在传统时代，由于沟通渠道的障碍以及生产流程的限制，消费者参与品牌产品打造的环节存在很多实际困难。随着数字技术的发展和工业 4.0 时代的到来，这些障碍不再是不可逾越的。

首先由德国提出的工业 4.0 时代是指利用物联信息系统将生产中的供应、制造、销售信息数据化和智慧化，最后达到快速、有效、个人化的产品供应。随着物联网的发展，基于对消费者需求的深入研究，实施对品牌产品的研发、生产、和销售，为消费者提供个性化、甚至是定制化的品牌产品，能够大幅度提升消费者对品牌的体验和满意度。在当下，通过对数字技术的应用，消费者积极参与到个性化品牌产品的创意和设计中去，已经成为数字时代的一种潮流。消费者参与打造个性化的品牌产品对品牌营销活动具有重要的意义：一方面，消费者对于品牌产品的良好体验是构建品牌认同感的基础，而定制化、个性化的产品极大地提高了消费者的产品使用满意度；另一方面，消费者参与创造产品使消费者在品牌营销中的角色和立场发生了根本转变，消费者从品牌营销活动的对象摇身一变，成了品牌营销活动的同盟者。

例如，在 2016 年，奥利奥饼干与天猫合作，给消费者提供产品定制化的服务。事实上，在奥利奥的案例中，消费者能够参与定制的是产品的包装。奥利奥天猫店把“加入购物车”的“立即购买”的选项修改为“开始定制”，消费者可以通过“选择你的青春时代”“为你的青春上色”“写上你想说的话”三个步骤，完成选择包装图案模板、填色以及编写内容的程序，打造自己专属的奥利奥产品。这种定制化的奥利奥饼干给消费者带来了极大的惊喜和参与感。

在将消费者纳入品牌营销活动的同盟这一层面，海尔也进行了很多创新性的尝试。海尔品牌有一款叫作“海尔定制”的 APP，消费者下载此款 APP 之后，可以在其中自主下单，根据自己的个人化需要，设计定制化的产品的外观，并在应用中选择产品的技术参数。换言之，消费者能够通过“海尔定制”这一 APP，方便地实现对个性化产品的设计，并能够基于此设计在互联网上对企业下订单。下单后，消费者还能够通过海尔无人工厂中的机器人传感器，实时了解自己定制的产品已经进入到生产环节的哪一个流程。在生产环节完成之后，消费者能够进一步通过此 APP 跟踪物流配送情况。一句话，消费者能够介入产品从设计到生产再到配送的全部过程。海尔品牌还通过社交媒体平台，获取消费者对于产品的理念和需求，打造个性化产品。2016 年，有网友在著名文化创意产品品牌“故宫淘宝”的微博上留言，提出故宫淘宝可以设计一款叫作“冷宫”的冰箱贴，这样可以将吃的剩饭剩菜放入冰箱时都可以说“给朕打入冷宫。”有人将这条微博@给国内包括美的、格力、西门子、海尔在内的几大家用电器品牌，建议这些企业可以生产一款“冷宫”电冰箱。在这些家电品牌中，只有海尔在第一时间转发了这一条微博并回复“容我考虑考虑”。海尔微博的回复引发了微博用户的热情，短时间内，海尔收到了 7 万多条相关的回复和私信，其中有 5 千多条有价值的产品设计建议。海尔对于相关数据进行了深入的挖掘，分析了用户的年龄层次、购买力以及对产品的期待和需求，接下来，海尔微博在 24 小时内给网友展现了冷宫冰箱的工业设计图，并持续收到了 1 000 多条后续的反馈修改意见。7 天之内，海尔通过 3D 打印技术将第一台冷宫冰箱生产出来，并送到了用户面前。这种基于社交媒体倾听打造的个性化产品给消费者带来了极大的惊喜，也使消费者感受到品牌与消费者之间的互动是真诚的、实质性的，这大大提升了消费者对品牌的满意度和好感度。海尔品牌的“咕咚手持洗衣机”也是基于微博粉丝的建议生产出来的一款产品，满足了消费者在出差旅游外出时清洁服装的需求。这款产品深受消费者欢迎，仅仅在微博上就取得了半年内销售 20 万台的成绩[①]。

消费者参与打造个性化品牌产品，不仅使消费者获得了精确对应个人需求的定制化产品，更进一步使消费者成了品牌发展的合伙人，从源头开始参与品牌营销活动。从这一个意义上说，消费者对品牌的认知和情感都会发生质的飞跃。

（二）构建消费者参与品牌营销的数字平台

除了动员消费者通过参与品牌个性化的产品设计，深层次地介入品牌生产环节，企业还需要与消费者展开频繁、有效的全方位互动和沟通，以强化消费者和品牌之间的关系。这种消费者和品牌之间全方位的互动和沟通的实现，需要通过合理的平台搭建来实现。在当下，品牌的社交媒体公众号是一种便利的、常见的选择。品牌社交媒体公众号能够即时发布品牌相关信息，聚合品牌粉丝，实现全天候的互动和沟通。例如，国内热门的文化创意产品品牌故宫淘宝就建立了活跃的官方微博账号。通过拟人化的表达，以及符合当下年轻人潮流的内容风格，该品牌账号获得了消费者的认可和支持，目前拥有近百万的粉丝。除了品牌官方公众号之外，品牌代表人物，如企业 CEO 的社交媒体账号往往也是消费者与品牌之间进行互动的重要平台。例如，小米 CEO 雷军的微博账号拥有 1 700 多万名粉丝。特斯拉品牌 CEO 埃隆·马斯克在社交媒体网站 Instagram 上，也拥有 700 多万名粉丝。这些个人账号也成为粉丝与品牌互动的重要阵地。在社交媒体

① Content-officer. 原来海尔冰箱是这么研发的，厉害了我的海尔！http://www.sohu.com/a/119801458_430089，2016-11-24.

公众号之外，品牌社区也能够起到凝聚品牌忠诚用户的作用。例如，中国国内最具人气之一的苹果品牌网络社区“威锋网”目前已拥有900多万的注册用户。“威锋网”的论坛基于苹果旗下的不同产品系列，形成了若干分论坛。产品的用户可以在这些论坛中探讨产品的性能、询问问题，相互交流和互动。

如果品牌在这些平台上建构了较为完善的互动机制，就能够在很大程度上实现消费者与品牌之间的多维度沟通。与此同时，品牌需要做到在这些平台上敏锐的社交媒体倾听（social media listening），实时发现和把握消费者的动向和要求，并及时、合理地予以回应，才有可能实现品牌与消费者之间持续的沟通。这种持续的沟通不仅构建了品牌与消费者之间的牢固纽带，也使消费者个体之间基于对品牌的认同，构建了社交关系。多重的纽带使消费者与品牌之间的绑定变得更为持续和稳固，从而进一步提升了品牌资产的价值。

二、顾客与品牌关系的动态维护

在社会化媒体平台上，顾客与品牌拥有几乎同样便捷的媒体渠道，他们可以利用各种社交媒体渠道，描述自己的需求，提出问题，发表自己的看法，参与品牌的活动等，这一方面有利于品牌的健康发展，另一方面也给品牌带来很大的挑战。消费者在社会化媒体上的品牌相关行为千姿百态，需要品牌运营者进行必要的应对，甚至是一定程度的管理和疏导，同时为了实现消费者与品牌之间持续的互动，品牌需要建立相应的保障机制，对这种互动关系进行动态维护。在顾客与品牌关系的维护方面，有两个关键问题需要企业给予足够的重视。

（一）持续跟进、推动成功的品牌营销活动

当企业开展了一次成功的品牌营销活动，获得了消费者的认可之后，企业仍需做到持续不断的跟进，对消费者的参与进行管理和引导。如果缺乏持续的管理，前期的营销活动所获得的成果不仅难以维系，甚至可能功亏一篑。糖果品牌Skittles曾经创下史无前例的壮举，该品牌率先预测到了人们更喜欢怎样的互动形式，通过新颖的创意，开展了非常受欢迎的品牌营销活动。在Skittles的创意中，品牌以糖果为题，让用户可以在网上与糖果互动。基于这个创意，他们把自

己的网站进行了全面的改版，采用纯互动形式，并且还将此品牌营销活动与Twitter 上所有提及 Skittles 的话题相关联，实时显示在网站上。结果出人意料的成功，人们非常喜欢这种新奇有趣的互动方式，越来越多的用户纷纷来到网站感受这种新颖的品牌体验，与美味的糖果进行有趣的互动。但是取得了成功的开端之后，Skittles 却没有继续对网站给予充分的重视和投入。热潮过去之后他们完全忽视了对活动后续的管理，毫无选择性在品牌网站上更新着来自 Twitter 上的品牌相关用户发言，完全不加以任何的过滤和审核。这使得众多不良言论和恶意内容出现在品牌网站上，也导致 Skittles 的品牌形象大受损害，很多父母也因此禁止他们的孩子访问该网站。由此可见，即使是成功的品牌营销传播活动，也需要有延续性，更需要企业有长期的规划，不断投入精力和资源对营销活动和后续的互动进行高效的管理，才能使社交媒体平台发挥应有的作用，并保证消费者与品牌之间的互动是健康和符合品牌精神的。毕竟参与互动的网络用户来源参差不齐，如果企业完全放手不管，那么活动的走向有可能背离品牌的初衷。

（二）构建动态、高效的互动机制

从维系顾客与品牌之间关系的角度出发，企业建立一种动态、高效、反应迅速的互动机制是非常关键的问题。

即使是通过一定的品牌营销活动构建了消费者对品牌的认知和好感，但是必须认识到，消费者与品牌的关系是动态发展的，良好的关系可能因为时间的流逝而逐渐被淡忘，也可能因为消费者一次负面的品牌体验而被颠覆。消费者与品牌接触的长期过程中，会在不同阶段产生各种反馈、沟通需求，企业需要准确地感知和把握这些需求，并及时进行互动和回应。当然，企业可以采用一对一的客服服务系统全年无休地回应消费者，并为消费者带来满意的体验，但这无疑需要高昂的人力资源成本，即使是一对一的客户服务方式，也很难保证消费者的满意度，因为单一客户服务代表很难全方位满足消费者的所有需求。在数字媒体时代，基于社交媒体平台，企业有机会以较低的成本构建成功的沟通系统。

针对这一问题，全美最大的电子产品零售商百思买在 2011 年建立了基于Twitter 社交媒体平台的互动服务系统。百思买在 Twitter 上创设了一个名为

“twelpforce”的品牌服务账号，在这个账号上，消费者可以在任何时间提出任何关于电子产品的问题。他们不需要拨打电话，也不需要走进任何一家百思买的门店，只需要在 Twitter 账号上留言。百思买并没有建立专门的团队来回答这些问题以及与消费者互动，他们动员了整个百思买企业的所有员工。任何一名百思买员工，只要他们愿意加入“twelpforce”互动团队，就可以与这一账号建立连接。这样，任何一名消费者提出的问题都会被在线的“twelpforce”志愿者团队中的百思买员工看到，对此问题领域比较熟悉的员工会回答这个问题。因此，一名消费者所提出的问题，有时会被多名百思买的员工回答。事实证明，消费者对这些问题答案的满意度相当高。随着这个账号的发展，账号中积累了大量的关于电子产品的问题与答案，很多消费者直接在这个账号内部搜索，就可以发现他们想要获取的信息。结合实时的问答以及积累的丰富信息，这一社交媒体账号成为消费者与品牌进行互动的高效平台

百思买的 twelpforce 营销活动建立了一种全新的客户关系管理模式。这种管理模式的优势在于以极为经济的方式，创造了一种实时、高效、低成本的顾客服务系统。这种顾客服务系统有三大优势。第一，高效动员了丰富的人力资源。在这种管理模式中，一名消费者面对的不是一位客服，而是来自百思买品牌全美所有门店的所有员工的智慧以及所有员工关于电子产品的知识，因此，消费者的需求能够得到高质量的回应和服务。第二，真正的全天候实时回应。百思买在 twelpforce 的账号中声称其能够对消费者的问题在一分钟内进行应答。无论这个问题是在深夜还是在凌晨提出，庞大的百思买员工队伍中总有人会在线，并为消费者解答问题。基于社交媒体平台的特点以及庞大的服务团队，这种全天候的实时应答系统非常高效，也并不会增加企业的运营成本。第三，社交媒体平台的沟通机制使这个顾客服务系统自带激励机制。当消费者获得关于某问题的满意答复时，在社交媒体的语境下，会对回应的员工进行感谢。这种感谢的反馈对于每一位参与回复的员工而言，都是积极、正向的激励，并使他们获得成就感。这种激励机制会使参与回答的员工们持续争先恐后地参与互动，对自己熟悉的知识领域的问题尽可能做出详尽的回复。通过搭建平台，充分利用社交媒体的特性，实现人与人之间真正的沟通，百思买品牌与消费者之间逐渐形成了一种健康而稳固的

品牌关系，实现了品牌资产的增值。

综上所述，在数字时代，数字技术的发展带来了媒介环境和媒介生态的巨大变化。媒介在品牌营销推广中的作用是非常关键的，企业必须真正理解这种巨大变化的实质，并在品牌营销推广的过程中深刻把握住新媒介的特性，才有可能取得数字时代品牌营销推广的成功。

延伸阅读

苹果利用社交媒体，进行事件传播、病毒营销

苹果在中国市场的事件传播策略可圈可点。例如，在 iPhone X 推出后，苹果公司请到了在华人电影界享有盛誉的陈可辛导演用 iPhone X 拍摄短片《三分钟》。该片结构紧凑，故事感人，因而一经推出就在华人世界中，经各种渠道迅速传播，并收获了大量的关注。同时，短时间内，围绕此话题也产生了大量的舆论。这则广告是由真实故事改编而成，同时，全篇使用 iPhone X 拍摄完成。影片中不仅传达了真情实感，也凸显了产品的特点，可以说是一部成功的微电影广告作品。在《三分钟》短片的传播过程中，品牌营销的议程设计较为成功。“陈可辛给苹果拍的 3 分钟新年广告，刷爆朋友圈！”之类的标题使消费者的注意力被高度调动起来关注此片。短片中感人的故事情节也给苹果品牌增加了温情脉脉的一面，春节时间点的选择对于华人社会来说，也是一个非常容易引发共鸣的特殊机会。由此可见，高质量的内容，加上成功的推广营销策略动员消费者参与病毒传播，又特意在春节这一华人社会中特殊的时间点布局，苹果的社交媒体营销思路是非常值得学习的。

http://video.sina.com.cn/view/253937357.html

第四章　在线顾客体验与数字品牌构建

早在 20 世纪 40 年代，美国学者诺里斯就提出了消费体验的相关问题，他认为，消费者真正重视的是产品带来的体验。20 世纪 50 年代，美国著名公司迪士尼结合公司旗下的内容产品，打造了迪士尼乐园，为消费者创造了一种更加直观和生动的娱乐体验，取得了巨大的商业成功。截至目前，迪士尼已在全球开设了 6 家主题乐园，这些迪士尼乐园成为无数儿童以及成年人心中的梦幻之地。通过贩卖体验，消费者在迪士尼乐园游玩时对每一个细节都留下美好的记忆。迪士尼在商业领域创造了一个非常典型的成功案例。进入 21 世纪，企业在品牌构建的过程中对顾客体验的重视有增无减。随着数字技术的不断发展，情况进一步发生了变化，很多数字产品与消费者的接触点主要通过线上体验，即使是数字产品，也会通过线上体验来构建消费者对品牌的认知，线上体验成为构建消费者对品牌认知的重要途径。从这一点出发，在线顾客体验成为数字品牌构建的重要课题。

第一节　数字时代的在线顾客体验

在体验经济的时代里，越来越多的企业认识到，品牌资产得以构建的基础并不是产品之间存在于物质层面的差异（这种差异往往是微不足道的），而是消费者与品牌之间相关的体验和经历。企业着意打造的各种体验感在消费者对品牌的认知过程中起到关键作用。同时，在数字时代，消费者与品牌发生关系的路径发生了巨大的转变，在消费者实际感受到品牌提供的产品和服务之前，可能已经通过线上的方式与品牌发生了多次接触，这也需要企业进一步对在线顾客体验进行深入分析。

一、顾客体验是品牌构建的核心

在全球经济高速发展的背景下，不同品牌所提供的产品之间的物质层面的差异越来越微不足道，与此同时，商品的极大丰富使营销领域将关注的重心由产品转向消费者。诺里斯是第一个关注消费体验的学者，他强调产品所提供的体验对顾客价值的重要性。他认为产品的功效不在于产品的本身，而在于它所提供的体验。消费欲望不是对产品的渴求，而是渴望产品所带来的价值与体验。商品之所以为人所需要，就在于在合适的时间与地点提供了合适的消费体验①。从诺里斯开始，顾客体验相关问题一直是市场营销研究中的一个重要问题。从概念层面来说，顾客体验是指个体对某些刺激（包括企业在销售过程中及购买前后所做的营销努力）产生回应的个别化感受，是由对事件的观察或直接参与造成的，是所发生的事件与个人的心理状态互动的结果②。也就是说，顾客体验产生首先源自企业营销行为或事件所激发的反应，其次这种体验是个体化和差异化的。简而言之，顾客体验说的是一个人的经验和经历③。

随着经济社会的不断发展，消费者越来越注重消费体验，在体验经济时代无数消费者的体验与认知构成了顾客参与价值共创的前置资源，广大消费者的体验是企业创新创造和不断完善升级产品的关键性资产④。在当前体验经济的时代，顾客对个性化的产品及服务的需求越来越高。顾客不仅对心理体验提出了新的需求，同时对情感体验、文化体验、好奇体验等方面的需求也在不断增加，其注意

① 晏国祥. 消费体验研究史探. 北京工商大学学报（社会科学版），2007，22（4）：83-86，102.

② 范秀成. 顾客体验驱动的服务品牌建设. 南开管理评论，2001，（6）：16-20.

③ 温韬. 顾客体验理论的进展、比较及展望[J]. 四川大学学报（哲学社会科学版），2007，（2）：133-139.

④ 关辉国，耿闯闯，陈达. 顾客消费体验对品牌资产影响效应路径研究——基于线上价值共创的新视角. 西北民族大学学报（哲学社会科学版），2018，（1）：80-88.

力已经从产品本身转移到消费过程[①]。顾客体验的内涵大致可分为两个层次：①体验是消费过程，消费者在亲身参与和感受商品的消费过程中用心体验；②体验也是消费结果，指消费者亲身经历消费的感受，以及这些经历给消费者内心留下的印象。顾客消费体验分为对产品或服务的直接消费和顾客对品牌形象、关系和相关事件的感知两个层次[②]。

如前文所述，品牌存在的意义一方面是为了差异和识别，另一方面也界定了消费者和企业之间的关系。但这两方面作用的实现都有共同的基础，即所有品牌相关信息都必须作用于消费者。正如我国学者何佳讯对品牌概念的界定：消费者对产品如何感受的总和，才称品牌。由此可见，品牌的价值和意义从根本上来说，取决于消费者的经验，存在于消费者的心智之中，是一种“假设构念”（hypothetical construct），品牌之所以成为品牌不仅仅是因为它的名称，还包括视觉及听觉的象征、形象代言人、包装、服务的方式，乃至氛围及顾客的经验[③]。一言以蔽之，消费者与产品或服务相关的所有经验和经历最终构筑了消费者对品牌全部的认知和态度。

基于此，顾客体验成为品牌构建的核心问题。对消费者来说，在很多情况下，去餐厅进餐不是为了获得可以果腹的食物，而是为了与朋友、家人共度一段难忘的时光，因此他们会更看重餐厅装潢、音乐、氛围甚至是服务人员的服务态度给自己带来的感受。例如，为了让消费者在等候座位的过程中有更好的体验和感受，海底捞餐厅为等位的消费者提供了免费的饮料、零食甚至是各种打发时间的小游戏道具；女性消费者甚至可以选择在等位时享受免费的美甲服务；对于带小孩的消费者，海底捞门店里专门装修了儿童游戏角，还配备有专门的人员带领，组织儿童玩耍，保障他们的安全。家长可以放心把儿童放在游戏角，自己悠闲进餐。在整个进餐过程中，服务人员对顾客的服务无微不至，且有很多创新的细节。在

①王菁，李妍星. 2015. 在线顾客体验的形成路径：基于沉浸理论的实证研究. 中国地质大学学报（社会科学版），2015，15（2）：132-139.

②关辉国，耿闯闯，陈达. 顾客消费体验对品牌资产影响效应路径研究——基于线上价值共创的新视角. 西北民族大学学报（哲学社会科学版），2018，（1）：80-88.

③ 仁科贞文，田中洋，丸冈吉人. 广告心理. 上海：外语教学与研究出版社，2008：3.

社交媒体上，很多消费者转发了这样一个帖子，帖子写了海底捞服务员会给独自吃火锅的顾客的对面的椅子上摆放一只代表陪伴的玩具熊；在海底捞过生日的消费者也会获得惊喜的生日礼物和暖心的祝福。完美的服务为海底捞品牌在互联网上赢得了大量的口碑。中国是注重饮食文化的大国，在众多的餐饮品牌中，海底捞的食物和味道也许并没有达到独树一帜的高度，但是，以独特的服务理念打造消费者的独特品牌感受成了重要的卖点。星巴克也是打造顾客独特体验的高手，对于星巴克的忠实用户来说，购买星巴克咖啡并不仅仅是为了获得一杯解渴或提神的饮品，星巴克咖啡馆内弥漫着的咖啡香气，令人放松的舒适环境，都是消费者品牌价值的直接感受。2014 年，星巴克在美国西雅图打造了原生态烘烤咖啡体验馆，这个体验馆使用了类似剧场的门店设计，咖啡厅中心位置设置了大型的吧台，吧台周围是展览区和品尝点，围绕吧台，顾客可以亲眼看到咖啡豆的选料与烘焙过程。咖啡厅内还有各种类型的品牌历史资料，消费者可以在购买和品尝咖啡的过程中了解星巴克的发展过程。店员在这种店面设计中能够方便地与顾客沟通。因此，当消费者想到星巴克品牌时，他们头脑中浮现的绝不仅仅是咖啡的味道这么简单。

日本学者仁科贞文在《广告心理》一书中描述道："如果让顾客对啤酒味道进行辨别，测试时不让其知道品牌名，人们基本上分辨不出大多数啤酒味道的差异，但如果让他们知道品牌名再进行测试的话，就会很容易地感觉到不同品牌之间味道的不同。"[①]仁科贞文的研究表明了在很多时候，消费者对品牌的产品本身的认知不能让他们对品牌进行正确的区分，换言之，产品本身的差异化并不足以支撑品牌的识别。无论是上文提到的海底捞还是星巴克，都是如此，形成品牌识别的并不是火锅的味道或咖啡的味道，而是消费者在与品牌接触过程中对品牌形成的各种感受和经历的总和。

二、在线顾客体验概述

在互联网时代，在线顾客体验成为顾客体验中非常关键的一部分。在线顾

① 仁科贞文，田中洋，丸冈吉人．广告心理．上海：外语教学与研究出版社，2008：3.

客体验是指当顾客通过互联网接触品牌时，获取各种数据（如文字、图片、视频、音频等），顾客从认知和情感层面解释这些信息，从而形成对产品、服务和品牌的印象。有学者认为，在线顾客体验主要包含四个方面的主要内容，分别是对网站的信任、网站的便利程度、顾客的自主性及顾客的关系感。如何围绕在线顾客体验更好地满足用户的需求日益成为互联网企业在市场竞争中最为关注的信息行为要素。

戴夫·查菲结合前人的研究成果，提出了成功构建在线顾客体验的三个重要因素，分别是理性价值、感性价值及基于这两种价值的承诺体验[①]。针对这三个不同层面，企业应考虑不同的问题。

（一）理性价值

在理性价值的层面，企业应考虑的重要问题包括使用的便利性、在线内容设置与消费者的相关性及绩效三个层面。使用的便利性，是指企业在线内容设计的实用性、可访问性等，如消费者能否通过品牌网站快速找到自己需要的信息，获得问题的答案等。在线内容设置与消费者的相关性则是指在线内容的设置是否与消费者有密切的关联，对消费者而言，品牌在线内容与自身的关联性越强，就越容易引起他们的关注和兴趣。越来越多的品牌会在互联网上为消费者提供定制服务，以特斯拉为例，消费者可以通过其官方网站的特定页面，选择各种技术参数来定制自己喜欢的特斯拉汽车。消费者还可以通过下载相关品牌的应用程序，定制个性化的产品。无论是设置与目标消费群体关联性更强的信息内容，还是提供定制化的品牌服务，都是企业在品牌在线顾客体验方面增强相关性的有效方法。绩效则是指消费者获取在线服务的速度，有些品牌设计网站使用了复杂的动画页面，导致打开页面时间过长，增加了消费者的等待时间，这对打造良好的在线体验无疑是不利的。

---

① 查菲 D，埃利斯-查德威克 F. 2015. 网络营销：战略、实施与实践. 马连福，高楠，等译. 北京：机械工业出版社，2015：286.

（二）感性价值

除了在理性价值方面给消费者带来满足感之外，品牌在感性的路线上能否打动消费者也是一个重要的问题。在顾客体验的构建方面，感性路线与理性路线同样重要。例如，金士顿曾打造系列微电影《记忆月台》《记忆的红气球》《当不掉的记忆》。在这些电影中，并没有直接呈现金士顿 U 盘的具体产品功能，而是通过讲述人们追寻、保存珍贵记忆的感人故事，来呼应品牌的主旨。三个微电影中催人泪下的故事通过线上渠道传播，给消费者带来了极大的震撼，同时也强化了品牌认知。苹果的平板电脑 iPad 在 2015 年春节期间推出的视频广告也是走情感路线：孙女发现了家中的老唱片，为了给祖母一个惊喜，使用 iPad 的音乐编辑功能，为祖母重新录制了老唱片中的歌曲。当白发苍苍祖母戴上耳机，用 iPad 倾听自己年轻时熟悉的曲调时，种种回忆涌上心头，令人十分感动。很多品牌在推广过程中，都会选择感性诉求的路径，这足以说明情感的共鸣对消费者的说服力。在感性价值的层面，企业应考虑两方面的问题，一方面是设计因素，即在品牌网络呈现方面的视觉设计以及整体风格问题。品牌网络的视觉设计与风格要能够忠实体现品牌调性，同时又需要符合目标消费者的审美需求。另一方面是从情感层面，品牌在线信息能否给消费者带来情感的共鸣以及值得信赖的感觉，这也是非常关键的因素。例如，农夫山泉关于水源地保护和水质监测的在线广告就选择了从具体的角色切入，在广告中讲述有血有肉的故事而不是进行抽象的说服，这种叙事的方式使消费者觉得品牌传递的信息更具真实感也更值得信赖。

（三）承诺体验

基于品牌通过在线内容提供给消费者的理性价值和感性价值，企业还应考虑承诺体验的问题。承诺体验，即企业应当提供三个方面的信息，一是产品层面的承诺。其包括产品的适用范围以及产品价格和促销方面的信息。通过网络，消费者希望获得关于产品的更为详细和确定的信息。通过网络途径进行信息搜索而获得报偿，如折扣信息与优惠券等，这也是非常实际也非常关键的消费者网络使用动机。二是互动性。品牌对互动性的考虑一方面应该与顾客的在线旅程相匹配，另一方面还应当给顾客提供方便的互动方式和互动入口。与传统顾客体验相比，在线顾客体验的一大优势就是能够实现优质、便捷的互动体验。但是，如果消费者在参与互动的过程中，在任何一个环节感到复杂、不便、无聊或名不副实，他们随时都有可能终止这种互动。这就需要认真考虑互动过程中的每一个细节，尽可能减少消费者的负面体验和感受。三是服务。在服务层面，企业应考虑如何通过在线方式更好地履行服务承诺，或通过在线方式为服务提供支持。传统品牌服务有很多难以克服的困难。例如，很多消费者都有在拨打服务电话时遭遇无人接听或电话线路忙音的状况，这给消费者带来的感受是非常糟糕的。通过在线方式为消费者提供服务则能更好地消除这些障碍，实现更优质的服务体验。

除了以上三点之外，随着顾客对互联网认知程度、操作能力的提高，研究者发现，在线顾客体验与传统的顾客体验在参与深度、信息量、互动时间、品牌呈现、顾客行为、风险以及购物环境等方面均存在显著差别①。总体而言，在线顾客体验中消费者与品牌互动的参与度更深、互动时间更长，获取的信息量更大，品牌呈现更立体多样。然而对顾客而言，虚拟环境下的在线体验与在真实环境下零距离接触品牌的产品和服务相对比而言，可能意味着更大的风险和不确定性。这些都要求企业深刻把握顾客在线体验的特点，并深入思考如何结合企业与品牌的独特性为消费者打造良好的体验感。

第二节　通过在线顾客体验实现品牌数字资产构建

随着社会经济与科技的不断发展，品牌的生存方式也在发生改变，这种改变在很大程度上体现在品牌在线呈现的部分。与此同时，消费者与品牌发生联系的方式也在发生变化。品牌数字资产的概念因此而诞生，也成为企业制定品牌战略策略、全面优化在线顾客体验的新视角。

①王菁，李妍星. 在线顾客体验的形成路径：基于沉浸理论的实证研究. 中国地质大学学报（社会科学版），2015，15（2）：132-139.

一、品牌数字资产与在线顾客体验

在数字时代之前，消费者在做出购物决策时，依赖的是基于已获取的有限资料而形成的既有品牌印象。但在数字时代，消费者的决策过程发生了巨大的变化。这种巨大的变化不仅仅是因为消费者在做出购物决策前能够获得更为丰富和充分的资料和信息，还因为消费者能够基于场景，随时随地获取更有针对性的信息来帮助他们做出决策。例如，当消费者逛街，想要寻找一家新的餐厅进餐时，他们可能会临时打开点评类网站，在自己当下所在的商圈或基于具体的位置地点进行搜索，筛选符合自己各种需求的餐厅，再有针对性地阅读餐厅的各种信息和介绍及其他消费者撰写的点评意见，查找优惠信息，最终综合处理这些信息，做出消费决策。又如，当消费者在电子商务平台中进行浏览时，电子商务平台根据消费者以往的购买记录、搜索历史和浏览历史，为其进行有针对性的品牌推荐。消费者可能会通过浏览这些品牌的具体信息以及已经生成的在线口碑，生成对品牌的印象，继而做出相应的决策。

在上述的购买决策形成过程中，我们能够发现以下两个特点：一方面，在很多情况下消费者都是通过互联网实时获取信息来帮助自己做出购买决策，消费者很可能基于线上信息，选择一个对自己而言全新的品牌；另一方面，在数字时代，在丰富信息的支持下，消费者可能会在很短的时间内被说服，极为快速地做出购买决策。总而言之，互联网上存储的海量的品牌信息在消费者决策过程中起到关键性作用。

由于消费者决策过程的这种变化，品牌数字资产的概念应运而生。品牌数字资产，是指该品牌在互联网上累积的所有信息①。更进一步说，品牌数字资产是指互联网上与品牌相关的所有内容的集合②。在这个意义上，互联网上存在的所有与某品牌相关的信息，都有可能为消费者所用，成为消费者做出购买决策之前起到影响的因素。在新媒体时代，品牌数字资产概念存在的重大意义在于

---

① 白海. 品牌数字资产怎么用？成功营销，2014，(8)：65.

② 智颖. 品牌资产新定义——品牌数字资产榜单. 中国广告，2014，(7)：89-91.

提出了一种新的思路：由于品牌数量急速增加，消费者难以在头脑中存储海量的品牌相关信息，同时也没有必要在头脑中存储这些信息。这是因为，互联网完全可以成为消费者的“外脑”，存储丰富的品牌信息，这些信息在消费者需要时被调出，帮助消费者做出购买决定。品牌数字资产的理论存在重要的现实背景和技术基础。

首先，从现实背景来看，社会经济的迅速发展使很多消费者在消费过程中都面临着数量众多的产品和品牌，以至于出现难以抉择的现实情况。消费者的大脑存储量有限，同时也不可能日常深切关注大量品牌信息，毕竟大多数消费者通常只有在特殊的场景下才会对某些产品或品牌信息产生需求。例如，普通消费者只有在装修住宅时，才会去了解木地板、橱柜、家具、中央空调等产品及品牌。或者，消费者只有在旅游时，才会关注某一特定旅游城市的餐饮品牌。也就是说，对于很多消费者而言，很多品牌信息并不需要一直存在于他们的头脑当中，占用他们的头脑中有限的“内存”。与此同时，这些品牌信息在互联网上，是随时可以获取的。当下，海量的品牌信息是以比特为单位，存储于互联网上，这代表了品牌在数字时代生存方式的变化。这种品牌资产生存方式的变化必须以数字技术的发展为基础：品牌能够利用数字技术以各种方式在互联网上进行信息发布和存储，消费者也拥有便利的网络接入渠道以及数字终端，能够在任何需要的时机灵活获取所需的品牌信息。在品牌资源极大丰富的背景下，以技术为依托，品牌资产以比特为单位存储于互联网上的状况符合消费者的需求。

整体来看，品牌数字资产由信息库存量和连接活跃度两个维度与品牌联想度、品牌好感度、品牌关注度、品牌参与度以及数字内容量五个指标构成[①]。

（一）信息库存量

消费者需要获取充足的信息支撑其做出决策。当消费者发起搜索，发现某一品牌在互联网上的信息非常少，那么消费者很可能会因为缺乏对此品牌的认知而放弃选择。因而，品牌数字资产要通过多元化渠道建立丰富的在线信息库存，同时要尽量使这些信息易于被消费者拣选和搜索。同时，并非所

---

① 智颖. 品牌资产新定义——品牌数字资产榜单. 中国广告，2014，(7)：89-91.

有的信息都能起到积极的作用，只有正面的品牌信息库存才能促使消费者对品牌形成良好的品牌印象，因此，信息库存量这一维度对应两个指标，即数字内容量和品牌好感度。

（二）连接活跃度

品牌数字资产的另一个重要维度是连接活跃度。连接活跃度是指消费者有效连接品牌信息库存的强度。也就是说，数字内容只有被消费者有效激活才能真正发挥作用。这一维度主要由品牌关注度、品牌参与度及品牌联想度这三个指标来体现，其中，品牌关注度主要指总体的连接次数，如消费者主动发起搜索的次数，如果在一定时间内，针对某一品牌的总体搜索次数较多，就意味着该品牌在特定时段关注度较高。品牌参与度主要指人均的连接强度，这种连接强度说明的是消费者参与度，如果消费者对某一品牌的相关信息的搜索和浏览活动反复发生，消费者对某一品牌的参与度更强。当然，消费者参与品牌营销活动的类型是不同的。消费者的参与可能表现为点击浏览投票，或者是主动在互联网上撰写品牌使用体验的文章或者拍摄上传品牌相关的视频，这些活动所代表的参与度显然是有区别的。品牌联想度则是指连接的质量。连接活跃度的维度说明的问题主要是除了有足够的、正面的信息库存量之外，还需要考虑品牌在线资产如何激发消费者品牌关注度、品牌参与度和品牌联想度。

通过对品牌数字资产理论的分析，我们可以发现，品牌数字资产的形成基于顾客在线体验形成的路径，对应顾客在线体验的需求，只有从充分思考消费者的在线顾客体验，从信息库存量、连接活跃度这两个维度出发充分设计品牌的在线展示，才能够构建更有价值的品牌数字资产。

二、在线顾客体验设计的基本工具与手段

如上文所述，对企业而言，应当在充分分析消费者在线活动的基础上，系统地规划和设计消费者与品牌可能的接触点，以提升顾客在线体验。在线顾客体验设计有多种工具与手段，企业需要全面权衡、综合利用这些工具和手段。

（一）在线顾客体验设计的常规工具与思路

事实上，消费者在互联网上与品牌的每一次接触都是构成在线顾客体验的一部分。而企业的自有媒体往往是消费者接触品牌的第一步，也是消费者获取品牌相关权威信息的渠道。因而，在在线顾客体验设计的部分，基本的工作是需要充分考虑企业自有媒体如官方网站的内容架构、设计风格、信息更新的及时性和易用性等因素。在企业的社交媒体账号的运营过程中，也要充分考虑内容的相关性、与品牌风格以及调性的统一等问题。

在这一部分，企业必须深入分析消费者的心理和行为，在内容设计的层面尽量满足消费者的需求。同时，页面结构的设计方面也需要考虑信息的可搜索性、信息获取的便利性等各种因素。在自有媒体的设计方面，一方面要基于品牌的定位，另一方面也需要充分考虑消费者的喜好和可接受性。此外，企业还应当设计测试体验的环节，及时发现问题，修改和完善自有媒体的设计，力争打造良好的顾客体验。

除了自有媒体之外，优秀的品牌在线广告设计也能进一步提升消费者的在线体验。一方面，这需要品牌提供精良的广告创意内容；另一方面，还需要品牌考虑广告的消费者接触机制。例如，有些在线视频广告被简单粗暴地投放在视频平台上，消费者在观看自己选择的视频内容之前，需要被迫观看大量的视频广告内容，这往往导致消费者对品牌产生负面评价。与之相反，2017 年，农夫山泉在优酷视频投放的长达 3 分钟的广告并非不由分说地强制观看，而是给消费者提供了“农夫山泉提醒你此广告可以免费关闭”的选项，让消费者大为惊喜，很多消费者高度评价了农夫山泉品牌的温情策略。更出人意料的是，大量的消费者并未选择关闭这支品牌广告，反而认真看完了这支品牌广告。在这个案例中，农夫山泉给消费者提供的选择权显示了品牌对消费者的尊重。同时，农夫山泉的底气还来自于广告本身的质量，由于广告本身创意表现质量高，许多观看了该视频广告的消费者进一步了解了农夫山泉的品牌主张，增加了对品牌的好感度。农夫山泉通过创新性地改善消费者的广告接触机制，给消费者带来了独特的正面品牌体验，获得了更多的认可和美誉。

除了农夫山泉提供了可以免费关闭广告选项之外，视频网站 YouTube 更早地为用户提供了可以免费关闭广告的选项。消费者可以在短暂观看之后根据自己的喜好任意关闭网站提供的广告，这也是 YouTube 为了优化用户体验所进行的尝试。这种关闭广告的选项不仅仅表现了网站和企业对消费者的尊重，还具有更深层次的考虑。这表现在：①为了使消费者能够自愿观看品牌广告，品牌广告必须在创意和表现方面有精良的表现。从这个角度出发，关闭广告的机制成为驱动品牌广告创意精益求精的动力，精良的广告也给消费者带来了更好的品牌体验。②对品牌而言，如果消费者选择关闭了视频广告，那么品牌就可以减少投放费用的支出。③对品牌而言，那些选择观看广告的消费者无疑是更有价值的目标消费群体，品牌可以进一步对这部分消费者展开针对性的营销活动。由此可见，YouTube 通过深入的考虑，从打造观众更好的视频观看体验出发，设置了关闭广告视频的机制，从而也为在 YouTube 视频平台上投放广告的品牌打造了一个良性循环，使这些品牌也有可能通过更高质量的视频广告和目标更为明确的广告投放机制打造更为优化的消费者线上体验。

（二）创新综合利用各种互动渠道，打造顾客的品牌深度体验

除了常规的工具之外，企业还需要创新性地使用数字媒体互动渠道，使消费者切实参与品牌营销活动，这种互动和参与使消费者对品牌的感知和经验进一步加深，使消费者与品牌之间有了更为切实的绑定。

在 Lidl 超市的案例中，品牌通过创新性地设计与消费者互动的渠道，实现了对顾客品牌体验的优化。Lidl 是一家售卖户外用品的超市，为了推广超市所售卖的户外烧烤用品，他们在超市门前进行了一场真实的烧烤活动。但是，绝大部分的消费者并不会因为一场超市所开展的烧烤活动就去现场参与。于是 Lidl 超市在开展烧烤活动的同时，进行了一场现场直播，并在现场直播中加入了易于互动的游戏环节。消费者可以在线上参与游戏，用鼠标点选现场直播的烧烤架上的食物。如果网速够快，反应够快，消费者就会在游戏中成为胜利者，用鼠标成功地点选（第一个点选）食物，并对食物进行标记。消费者成功标记了食物后，就能够获得这些在游戏中展现的美味烧烤。超市则会立即根据消费者注册的姓名地址

和联系方式，把烤好的食物用快递的方式送给消费者。如果消费者距离该超市实在太远，他们则会收到价值相当的购物优惠券。在开展游戏的同时，品牌还为消费者开辟了互动渠道，消费者可以在游戏的讨论区里相互讨论。这场烤肉体验活动通过现场直播，让消费者“近距离”感受到了室外烧烤的乐趣，甚至还包括有趣的游戏。这种虚拟体验活动实现了品牌与消费者之间的互动，还提供了消费者之间进行讨论和互动的渠道。参与和互动使消费者与品牌之间的联系变得更为紧密，也使线上虚拟体验与线下的实际体验结合起来，消费者对于品牌的经验也因此不再抽象和空泛。

无独有偶，中国网红辣条品牌卫龙也曾成功利用淘宝的直播平台，启用了在青少年群体中广受欢迎的暴走漫画中的“富士康”质检员“张全蛋”进行了时长为 1 小时的直播，通过幽默诙谐的语言和动作，实时展现辣条工厂的内部究竟是怎样的情况。在这次直播之前，“张全蛋”等网红还利用自己的微博为直播做了预热。消费者跟随质检员“张全蛋”，充分满足了自己的好奇心，了解了中国最接地气的食品“辣条”是在怎样清洁、卫生、现代化的生产线上生产出来的。同时暴走漫画的人气也更进一步提升了卫龙辣条的人气，卫龙辣条也顺势与暴走漫画合作，推出了暴走漫画包装的辣条。在这次直播中，消费者能够实时提出问题并进行评论，网红人物“张全蛋”带领大家，深度体验了辣条的生产过程，给消费者也带来了独特而深入的品牌体验。当下，也有越来越多的品牌都应用直播的方式，帮助消费者实现对品牌的深度体验。直播是一种现场感很强的传播方式，通过这种方式，消费者能够身临其境般地体验到品牌活动的过程，这种沉浸、参与的效果是非常突出的。

（三）通过各种新设备、新手段，打造消费者对品牌的独特体验

随着数字技术的发展，各种新手段和设备越来越多地被企业采纳，用以打造消费者对品牌的独特的个性化新颖体验。

当下，手机的锁屏画面、屏保、开屏画面包括个性主题等，都能成为品牌营销推广的重要阵地。试想，当消费者点亮智能手机屏幕时，就能够看到设计独特、新颖的品牌信息，这无疑将给消费者留下深刻的印象。而且，基

于智能手机的先进技术，这些开机、屏保画面还可以方便地接入音乐播放器、品牌网站等，帮助消费者进一步深入了解品牌信息。基于此，在新媒体时代，手机品牌与其他品牌的联合推广也成为创新性使用数字媒体进行创意的新思路。例如，全球著名的运动用品品牌 PUMA 就曾与小米手机携手开展品牌营销活动。PUMA 曾开发出一种名为 DISC 的闭锁系统，该系统的作用是使运动鞋不需要通过鞋带来收紧鞋面，而是通过旋转 DISC 转盘，这种设计能更简单地实现运动鞋对穿着者脚部的完美贴合，曾给消费者和运动鞋领域带来极大的震动。在这种创新性的 DISC 闭锁系统发明 25 周年时，PUMA 推出了名为 Forever Faster 新产品系列，该系列的运动鞋配有新设计的 PUMA IGNITE DISC 跑鞋转盘，这种新设计的转盘旋转更方便，跑鞋也更为轻便、舒适。结合跑鞋的特色，小米为 PUMA 打造了“一旋即发”的主题，该主题与 PUMA 的品牌及推广在风格和调性上保持一致，而且，在解锁方式上，小米也配合运动鞋通过 DISC 旋转转盘来绑紧的方式，设计了虚拟 DISC 的旋转式手机解锁方式。除了特别打造的手机主题之外，小米还为 PUMA 定制开屏大图，通过 MIUI 视频、小米音乐、天气、个性主题以及小米运动这五个热门 APP 进行传播。另外，小米的锁屏画报也为喜爱体育主题的用户推送了 PUMA 代言人博尔特的精美大图，用户点亮屏幕时，就能够获取 PUMA 的品牌推广信息。这些设计极大地增加了 PUMA 品牌的曝光，并使目标消费者获得了更为深入的品牌认知。

目前，AR 技术的不断发展使其在品牌营销的过程中的应用也越来越广泛，许多品牌都争先恐后地使用 AR 技术，通过这种新颖的人机互动技术来打造消费者对品牌的独特体验。近年来，支付宝在其品牌营销活动中频繁使用了 AR 技术。例如，在每年春节的“集五福”活动中，支付宝都使用了 AR 技术。消费者通过手机，扫描现实中的“福”字就可以参与活动，这种简单有趣的设计引发了消费者的参与热潮。2018 年，支付宝更进一步增加了扫描“手势”得福卡的新玩法。消费者只要在镜头前做出特定的手势，手机扫描之后，就有机会获得福卡，尤其是在扫描手势时，能够触发新奇的虚拟烟花效果，使消费者能够充分体会到人机互动的趣味性和新鲜感。这些新技术和新玩法的不断推陈出新使消费者对品牌的体验始终处于充满期待的状态，这对于品牌形象的构建和维系而言是非常有帮助的。

百事可乐也通过与QQ合作，结合Emoji（表情符号）瓶身设计，给消费者带来了非常新鲜有趣的品牌体验。在这一案例中，百事可乐设计了非常活泼有趣的Emoji产品包装，在易拉罐和塑料瓶的百事可乐包装上，都采用了鲜明的Emoji元素。消费者拿到百事可乐后，打开手机QQ，使用QQ扫一扫中的AR模式对百事可乐罐上的表情符号进行扫描，就能够看到四个主题的AR动画，分别是百事欢聚、音乐、运动和美食，每个主题动画都配有相应的音乐。除了可以通过扫描Emoji表情符观看有趣的动画之外，百事可乐还设定了集齐四个表情就能够参与网上抽奖的活动，进一步激起了消费者参与的热情，大量的年轻消费者参与到“扫一扫”的行列中来。

由以上的案例可以发现，无论是使用作为“规定动作”的常规手段，还是应用各种创新技术手段，其都是为了更进一步提升顾客的在线品牌体验，从而提高消费者对品牌的满意度，构建更有价值的品牌在线资产，加强消费者与品牌之间的关系。

第三节　在线用户体验的改善

用户体验对企业而言，是非常重要的，据统计，顾客做出的决策中三分之二都源自他们在整个决策中体验的质量[①]。通过使用各种常规手段以及高科技创新手段，企业可以全盘考虑各种可能的接触点，以打造优质在线用户体验。不过，在实际的品牌接触过程中，不同的用户会有不同的期望和需求，与品牌发生关联的路线也不尽相同，因而产生了不同的用户旅程。基于用户旅程，梳理用户在品牌接触过程中的需求与痛点，能够发现有价值的关键点。深入研究这些关键点，有助于针对性地改善用户的在线体验。

---

① 范德梅尔 E，埃德尔曼 D，昂格曼 K. 数字化消费者决策历程. IT经理世界·CEOCIO，2014，(6)：66–69.

一、绘制用户旅程图，了解用户痛点

在一些研究中，品牌用户在购买循环中跨越时间和多个接触点的体验过程被定义为用户旅程[①]。结合购买决策过程的时间线索，用户旅程被划分为购买前、购买中、购买后三个部分。购买前阶段包含了用户在实施购买交易行为之前与品牌及其相关范畴和环境所发生的全部互动行为。购买中阶段包含了在购买发生的过程中消费者与品牌及其相关环境所发生的一切互动行为。购买后阶段则包含了消费者对产品和服务的使用和消费行为、购买后的品牌参与行为以及对售后服务的需求等。在整个用户旅程中存在着四种类型的接触点，分别是：①品牌自有接触点；②合作伙伴拥有的接触点；③消费者拥有的接触点；④社交媒体（外部）接触点。需要注意的是，不同的接触点在用户旅程中起着不同的作用，而且企业对这四种接触点的控制能力有很大差别。

长久以来，在对用户进行研究的过程中，很多企业更习惯于收集用户在不同购买阶段以及不同类型的接触点上所产生的数据。但是，数据是抽象的，往往难以描摹用户在与品牌接触的过程中的具体经历。用户实际遇到的问题、挫折、不便等情况，以及在此过程中用户的情绪变化，都难以通过数据来传达。例如，企业可能通过对数据的搜集，发现消费者在浏览某一产品信息的网页之后，很大部分都选择关闭网页，而不是进一步跳转浏览品牌其他页面或者进入购买链接。这些数据只能告诉企业有问题存在，但是并不能使企业具体了解到消费者在浏览这一网页时，经历了怎样的不便或不愉快的体验，因而产生不满的情绪，使他选择关闭该页面而不是进一步进行探索。为了对数据信息进行补充，企业现在有时采用讲故事的方式，来描绘用户与品牌的接触过程，以帮助公司和机构更深入地了解用户。描绘用户旅程图就是一种典型的讲故事的方法，即从用户的角度出发，以叙述故事的方式描述用户与公司相关产品之间的互动，接着再将这种互动用可视化的图形进行展示，即可形成用户旅程图。

---

① Lemon K N，Verhoef P C. Understanding customer experience throughout the customer journey. Journal of Marketing，2016，80（6）：69-96.

（一）用户旅程图中的重要环节和元素

用户旅程图的基本元素包括 5 个方面，分别是用户角色、时间线、情绪指数、关键节点以及使用场景①。其中，用户角色是指主要目标用户，除了界定主要目标用户人群之外，还需要描述目标用户人群的需求、期望以及痛点。时间线可以使用用户与品牌接触的时间线索，也可以按照用户的品牌接触行为来描绘，如用户的浏览、购买、重复购买行为。情绪指数是指要描述用户在整个品牌接触过程中的情感变化。关键节点是指用户在品牌接触活动中的关键性动作。例如，用户的在线支付动作是一个关键节点，撰写产品使用体验并上传网络也是一个可能的关键节点。最后，使用场景指的是用户与品牌发生“接触”的具体环境、时机和平台。

（二）绘制用户旅程图的步骤

绘制用户旅程图的步骤大致如下。

1. 洞察用户

在绘制用户旅程图之前，应当展开对目标用户群体的调研，通过问卷调查、深度访谈等方法，获取网络上的各种口碑资料，获取关于目标用户群体的一手资料。同时，也可以通过查阅既有的用户相关数据资料，进行深入的分析，以便形成更为深刻的用户洞察。为了获得更为生动的用户体验资料，也可以通过亲身体验的方法。例如，为了了解某航空公司的用户旅程，研究者尝试以一个普通用户的角色出发，从在航空公司官网上进行网络订票开始，到实际登上飞机体验机上服务，亲身完成一次完整的旅行，在这个过程中，多个体验者同时进行，并记录下所有细节和情绪变化，最后汇总，形成了第一手的用户旅程体验资料。

2. 创建用户角色模型

创建有具体身份的有血有肉的用户角色模型有助于研究者把握消费者的需

---

① Grocki M. How to Create a Customer Journey Map. http://uxmastery.com/how-to-create-a-customer-journey-map/, 2014-11-16.

求、期望和痛点。结合品牌的主要目标用户，研究者可以创建几个典型用户角色，他们具有各自不同的身份设定，对产品的需求和期望也有所不同。基于不同的典型用户角色，需要绘制不同的用户旅程地图。例如，对乐高品牌而言，其典型消费者中既有不同年龄段的少年儿童，也有广大的成年人玩家。儿童用户和成年人玩家与品牌的接触有着截然不同的路线，他们对品牌的期待也有很大的区别。对于婴儿用护肤品而言，其典型消费者一般是婴幼儿的母亲，但也有未婚年轻女性可能青睐婴幼儿护肤品。品牌可以根据这些典型消费者的特点来创建用户角色。

用户角色模型设定的过程可以从抽象到具体，从海量数据到具体人物形象。从抽象到具体是指对用户角色模型的设定要建立在用户群体海量数据的基础上，而不是闭门造车。这就需要进行群体定量统计分析。在此阶段，可以通过用户数据提取分析的方式或问卷调查的方式把握包括人口统计因素在内的目标群体特性。接下来是具象定性描述阶段，在海量数据分析的基础上进行具象化，得到一个或几个用户的“人物形象”，代表着真实目标和动机的人物模型，是用户分析的“着力点”。

3. 发现并总结关键节点

在这个步骤中，研究者应该罗列出用户在现有的品牌体验过程中所有的关键节点，并理清关键节点所对应的情境以及用户情绪感受。研究者需要梳理出用户在这些关键节点的感受、想法、行为以及期待。由此，发现用户旅程中的痛点以及希望改进之处。

在完成用户洞察、用户角色模型创建、发现并总结关键节点环节之后，就可以开始着手将这份用户旅程图视觉化，使之成为帮助企业深入理解顾客体验的重要工具。用户旅程图的意义在于通过有血有肉的用户角色模型的视角，具体展现用户是怎样与品牌在不同的关键节点上产生了互动，以及用户是在用户旅程中的哪一个阶段或在怎样的情境下感到需求和期待未被满足，在此基础上，企业能够有针对性地分析这些问题，并在下一步的工作中指向明确地进行改进。

二、结合用户旅程图，改善用户线上体验

随着数字技术的发展，很多用户选择在线的方式了解品牌信息、参与品牌互动以及购买品牌产品。特斯拉通过对消费者的调研，发现很多消费者对销售车辆的实体 4S 店的服务满意度很低，因此打造了“无实体店”的整体营销系统。对特斯拉品牌感兴趣的消费者可以完全通过以官方网站为主的在线渠道了解自己需要的信息，并根据自己的个性化需求在线定制产品，在线完成支付。如果想要试驾特斯拉轿车，也是通过在线的方式进行预约。消费者在线支付定金后，就可以进入试驾安排的程序。从世界零售业发展的状况看，2017 年，全球最具影响力的零售商是亚马逊网站。全球 73%的消费者会选择在网站选购商品的形式，25%的消费者会选择手机应用程序进行购物，在中国，72%的消费者选择在线购买服装①。这些数据都说明，对于当今的消费者而言，他们与品牌互动的接触点越来越多地转移到了线上。在这样的背景下，企业必然更为重视对用户线上体验的设计和管理，为了改善和提升用户线上体验，企业从消费者的角度出发，深入分析消费者的用户旅程图，找到消费者线上体验的痛点，才能够有针对性地、高效地改善用户线上体验。很多企业也全盘考虑用户体验关键环节上的接触点，试图整合各种媒介渠道，营造用户的“无缝”体验。

（一）剖析用户痛点，针对性地改善用户体验

事实上，对于不同的品牌而言，其面对的用户有所不同，用户体验中的痛点也有很大的差异，这需要切实地做到具体问题具体分析，切不可一概而论。

例如，通过对用户的分析，很多服饰品牌都发现用户旅程中的痛点在于在线上环境中，消费者无法获得足以媲美实体店的试衣效果。实事求是地说，对于服饰品牌而言，的确很难做到给消费者带来良好的在线试穿、试戴体验——在线下的实体店环境中，消费者不仅能够触摸到产品，感受到服装的面料、做工，而且能够真切感受产品上身效果，相比之下，在线上环境中，消费者即使可以浏览图

---

① 电子商务研究中心. 普华永道：《2017 年全球零售报告》（摘要）. http://www.100ec.cn/detail--6398788.html，2017-05-27.

片甚至是视频，但仍旧只能凭借想象评估实际的穿着效果。这种差异使很多消费者犹豫不决，最终放弃了进一步的了解和购买。也有些消费者实际下单买到商品之后，发现与自己之前想象的有很大差异，这无疑会影响到消费者的满意度。那么，在无法真正触摸和试用产品的情况下，如何在线上的情境下消除消费者的疑虑呢？针对此问题，很多品牌创造性地使用 AR 技术，改善消费者的品牌线上体验。例如，匡威开发了 AR 试穿软件，这是一个运动鞋取样器应用程序，顾客只需要坐在家中的沙发或椅子上，用智能手机的摄像头对准自己的脚，运动鞋取样器应用程序就可以提供一系列不同款式的鞋子，顾客可在手机屏幕上浏览自己穿着这些鞋子的效果。珠宝品牌周大福也开发了相关的软件，该软件可以展现基于 AR 技术的虚拟试戴效果，用户只需要拍摄自己的手，再简单地操作点击屏幕，选择自己喜欢的款式，软件便可以展示戒指佩戴在手上的效果。还有很多企业打造了虚拟试衣、虚拟试妆等多种软件，使消费者能够通过线上渠道，获取对产品的体验和感知。另外，还有一些房地产品牌采用了 VR 技术，消费者不必进入住宅，只要在销售点佩戴上 VR 眼镜，就仿佛走进了实际的住宅当中，能够立体地、全方位地感受到住宅的实际环境和结构。

目前来看，这些技术手段所打造的虚拟体验还有很大的提升空间，但是，随着数字技术的全面发展，线上虚拟体验的感受势必得到不断的提高，这种身临其境式的体验也会成为促使消费者做出购买决策的重要因素，也会极大地提升消费者的满意度。当然，用户旅程图中展现的痛点可能是多种多样的。例如，有些品牌给消费者带来的不快可能来自在线信息量的不足，消费者根本无法在互联网上检索到自己感兴趣的品牌信息；消费者的不满也可能来自互动环节、售后服务环节等。对于品牌所有者而言，需要准确研判用户旅程中的关键点，精确地解决这些问题。

（二）融合各种渠道，打造无缝体验

在数字技术迅速发展的背景下，融合各种媒体渠道打造无缝体验也成为可能。例如，有些消费者希望能够在任何需要的时间节点和任意场景下获取线上信息，与品牌沟通。品牌可以综合利用多种网络渠道，形成一天 24 小时、全年无休数

字化“橱窗购物环境”，形成全天候的“无缝”体验。

在有些案例中，品牌通过特殊的设计，弥合用户线上线下体验之间的空隙，实现线上线下体验的无缝连接。迪士尼公司就是一个典型的打造线上线下无缝体验的例子，该品牌通过创造性地运用迪士尼魔法手环这一设备，结合各种技术手段，实现了消费者体验的全面提升。

迪士尼管理者们发现，虽然在互联网上购买了门票，了解了乐园的相关信息，预定了餐饮和住宿的服务，迪士尼乐园的游客们仍然会因为线下体验中过长的等待时间、沮丧的情绪以及难以做决定等负面的体验和情绪产生对品牌的差评。迪士尼管理者认为，通过结合数字技术手段以及预先计划，能够提升用户的整体体验，而且，如果能够提升用户体验，则更多的消费者将在迪士尼乐园消磨更多的娱乐时间。为了实现此目的，迪士尼设计制造了智能穿戴设备魔法手环（magic band，一种外形像手镯腕带，可以为每一位来迪士尼乐园游玩的家庭成员定制的手环），通过魔法手环这一可穿戴设备，结合其在线工具 My Magic Plus，迪士尼成功打造了消费者的终极迪士尼体验。通过解决现有的迪士尼体验中所有的痛点以及症结，品牌管理者认为他们能够使消费者更为自由地在迪士尼乐园中获得更丰富的体验。

这种新的方式使消费者能够在线上预先计划，确认具体的游玩活动时间点，包括游客个人与迪士尼角色的互动计划、预约午餐等。迪士尼的新路径将新技术嵌入用户旅程的所有环节中去。游客会在假期开始前拿到魔法手环，并在乐园游玩的全过程中使用魔法手环，其功能覆盖了游客在迪士尼乐园游玩的每一个环节。手环上的传感器能够帮助消费者完成入园、参与游行、进入宾馆房间、购物等活动，更重要的是，魔法手环能够帮助管理者在迪士尼乐园里定位消费者，这样，园方才能更为精确地调度、安排消费者与迪士尼角色碰面、在游行过程中为消费者拍摄完美的照片、在消费者进餐时将消费者提前预约的餐点准确送到餐桌上，以及在消费者排队等待太久的时候通过电子邮件给他们发放优惠券。每个魔法手环当中都安排有电子晶片、电池以及广播系统，同时也连接迪士尼乐园的超过 100 个数据系统，能够获取和处理每一位顾客行为的实时数据，以确保所有的数据系统共同作用，实现持续性的定制化的客户体验。魔法手环的运用同样也使迪士尼能够优化其服务生态系统，通过获取数据并实时把握乐园中消费者人流的具体定位，管理者能够合理地安排饮食、工作人员以及服务分布的位置。通过可穿戴设备结合品牌的数据管理系统，迪士尼创造性地实现了消费者品牌体验的全方位优化，打造了近乎“无缝”衔接的消费者品牌感受。在数字时代，这种创新性的思路是非常具有代表性的，优化消费者体验不应当局限在应对单个消费者所遇到的某个问题，还需要具有系统化的思路，整合各种路径、渠道，优化资源配置，提出优化顾客体验的最优解决方案。

随着数字技术的迅速发展和用户在线活动的增加，在线顾客体验已经成为品牌构建和发展过程中的关键点。通过充分研究消费者及其消费情境，系统地打造良好的用户在线体验，是绝大多数品牌持有者必须思考的基本问题。另外，结合用户在线旅程，发现消费者在线体验中的痛点和关键点，有的放矢地改善用户体验，并通过渠道整合的方式打造渠道间的无缝连接，也能够在很大程度上提升用户体验。

延伸阅读

欧莱雅运用 VR 技术打造消费者品牌体验

VR 技术的发展为品牌的体验营销提供了更为先进的工具，也使消费者能够更深入地体验到品牌的精神。2017 年欧莱雅使用 VR 技术展开了一场令人“心惊肉跳”的品牌体验活动。欧莱雅旗下的香水品牌“Diesel”是一款男用香水，其品牌核心概念就是“勇气”。为了使消费者能够深入体验“勇气”这一主题，欧莱雅使用 HTC Vive 设备，设计了一场恐高症患者一定会敬而远之的高空体验活动“Only the Brave”。

当参与者带上 VR 头盔之后，会发现自己忽然处于纽约一栋摩天大楼的外墙边，站在仅供立足的窄窄的石板上，眼前就是万丈深渊和纽约的繁华街景。体验活动要求参与者贴着墙壁走过一段路程，不仅如此，路程上还设有各种障碍。如果能够在规定的时间内克服各种障碍，做完设定的任务，体验者就能够获得这款标志着勇气的香水。

通过对 VR 技术的运用，营销人员使效果极为惊悚逼真的高楼外行走体验成为可能。品牌体验者的手脚都被绑上了可穿戴设备，这些设备可以追踪玩家们的动作并实现反馈。另外，营销人员还在体验现场装置了一条窄窄的石板，这条石板的宽度甚至达不到脚的长度。因此，玩家们在行走时会时刻感受到自己的双脚悬空。这些细节设计配合 VR 头盔，使玩家们充分感受到了什么才是“勇气”。活动现场所拍摄的体验视频和照片也被上传到网上，让更多的消费者通过互联网感受到这款名为“勇敢”香水的品牌含义。

http://www.chinaz.com/vr/2017/0328/679649.shtml

第五章 通过数字平台打造品牌与消费者的良好关系

随着品牌理论的发展，很多品牌研究者都将研究的重点聚焦在关系构建这一层面。在市场营销领域中，随着时代的发展，关系营销导向成为交易性营销模式之外另一种实现营销创新的思路。随着数字时代的到来，数字平台为消费者与品牌之间关系的打造提供了更多的机会与可能性。

第一节 数字时代的关系营销

自 20 世纪 80 年代巴巴拉·本德·杰克逊首次提出了关系营销概念以来，关系营销始终是市场营销理论界和实务界的热门课题。有研究者通过对多种关系营销理论的总结和梳理，提出有九个重要的自变量会影响到关系营销的目标的实现，在这九个自变量中，超过半数的自变量都是从互动的角度出发。由此可以看出互动对关系构建的重要意义。毕竟，关系的形成、发展和维系并不是单向的，双向的互动和沟通才是有效的手段。在数字时代，数字技术的应用给互动赋予了全新的方式和意义，也因此使关系营销的理论和实践得到了拓展。

一、关系营销的概念

1985年，巴巴拉·本德·杰克逊提出了关系营销的概念，他认为“关系营销就是指获得、建立和维持与产业用户紧密的长期关系”。拓展开来，关系营销就是把营销活动看成一个企业与消费者、供应商、分销商、竞争者、政府机构以及其他公众发生互动的过程，其核心是建立、发展、巩固企业与这些组织和个人的关系。在关系营销的诸多领域中，企业与顾客的关系是其中的核心部分。基于长期以来关系营销的相关研究，有学者总结了五种主要的关系营销理论，分别是：①承诺－信任的观点；②依赖的观点；③交易费用观点；④关系准则观点；⑤资源的观点。基于目前对关系营销进行研究的文献进行分析和总结，也有研究者提出了一种综合关系营销模型，其中，自变量包括关系的利益、依赖卖方、卖方关系投资、卖方的专业技能、沟通、相似性、关系维持时间、互动频率、冲突；中介变量是承诺、信任、关系满意度以及关系质量；因变量是维系关系的意愿、口碑、客户忠诚、卖方绩效以及合作[①]。值得注意的是，在此综合性模型的九个自变量中，有两个自变量（关系的利益、依赖卖方）是客户角度的变量，而卖方关系投资、卖方的专业技能这两部分则是卖方角度的变量，其他五个（沟通、相似性、关系维持时间、互动频率以及冲突）变量都是互动角度的变量。可见，对互动和来自于消费者声音的关注是关系营销理论中的重点部分。

关系营销概念的提出标志着传统交易型营销模式向关系型营销模式的转变。在交易型的营销模式中，企业的关注点在于交易本身，关注产品本身或销售方式的突破。在这样的框架下，消费者也被认为是从商品的功能和价格出发来做出商品的购买决策，至于是向谁购买或以什么方式购买，消费者并不介意。在这种情况下，商品的价格可能成为关键的影响因素。在交易型营销模式中，消费者更多地关注性价比，品牌忠诚相对而言难以建立。关系营销反映了在营销过程中出现了一种导向的变迁。相比于交易型营销模式中企业更为关注产品本身或销售方式的突破，关系营销导向（relationship marketing orientation，RMO）聚焦于

---

① 周鑫华. 关系营销理论模型综述. 商业研究，2010，(10)：17-25.

顾客长期满意和价值增值，强调与关联市场和顾客的相互之间的信任、依赖和合作。因此，关系营销导向有利于顾客知识和企业外部资源的获取和整合，是实现营销创新的关键因素①。

与传统的交易导向性的营销理念相比，关系营销概念有五个重要特点。

（一）关注点的变化

关系营销关注的重点不再是单次或多次交易能否达成，而是企业与顾客之间、企业与其他相关利益群体之间能否建立和维系一种长期的、健康的、稳定的关系。关系的建立和维系比交易的实现更重要，这一关注点的变化反映了随着全球经济和科技水平的发展卖方市场不复存在，产品之间的差异变得不明显，产品很容易被仿制。因此立足于交易的成功而将重点放在对产品和服务的改进方面难以维系企业的优势竞争地位，毕竟产品在技术上的进步和创新很容易就会被模仿甚至超越。企业只有立足于关系的建构，才能事半功倍，因为相对于产品的差异，品牌与消费者之间的关系更具持久性。以奢侈品营销为例，奢侈品价格昂贵，追求的不是单次交易，而是希望通过与品牌热衷者构建良好的关系，形成一种长期而稳定的关系。在此基础上，由品牌热衷者通过其社交网络等渠道，向其社会关系进行品牌推荐，将其更多的社会关系成员带入品牌的消费者群体中来。这就需要关键人物了解品牌、热爱品牌，积极参与品牌营销活动，主动传播品牌信息。品牌需要精心维护这种关系，使这种长期可持续的品牌关系网络不断扩大，这对品牌而言，意义远大于单次交易的成功。

（二）强调双向沟通

在关系营销中，应当建立有效的双向沟通。信息的共享和充分交流是企业获得利益相关者支持并建立健康稳定关系的基础。尤其是当消费者获取了方便易用的媒介渠道之后，他们通过各种媒介渠道发声，企业长期以来作为信息传播者的身份被打破，企业必须学会倾听，并在倾听的基础上回应消费者的诉求，建立有效的对话沟通机制，据此保持健康和可持续发展的关系。例如，京东为其 PLUS

---

① 李颖灏. 关系营销导向对营销创新的影响研究. 科研管理，2012，33（3）：42-48.

会员提供 24 小时不间断的在线服务，任何时间提出任何问题都能获得回应，这极大地提升了用户的满意度。海尔在微博运营过程中也会积极倾听、回应消费者的声音。一系列成功的案例说明，企业不能只关注自己想要向消费者传达什么信息，还必须关注消费者的真正想法。

（三）强调合作和共赢

由于企业、消费者共同生存于相同的社会环境下，企业发展、消费者与社会共同获益的共赢局面是可以期待的。如果企业构建共赢的发展目标，也能够凝聚各方力量，实现合作与共赢。例如，特斯拉作为新能源车的品牌，不仅关注自身企业的发展，同时也在全球构建节能减排的目标，这很好地说服了热衷环保的消费者群体成为企业发展的合作者，与企业一起，为全球环保助力，特斯拉车主在此情境下就成为企业的合作者，企业的发展带来的就是多个群体的共赢局面。很多企业在品牌营销的过程都设计了彰显社会责任的活动，如支付宝的蚂蚁森林、腾讯的公益活动等，这对于共赢局面的创建都是大有裨益的。

（四）情感因素

类似人与人之间关系的发展，如果仅仅是单纯地评估物质层面的收益，企业与其利益群体之间长期、稳定的关系是难以维系的。因而，情感层面的因素也必须考虑在内。如果企业与消费者之间能够形成稳固的情感联结，消费者能够在与企业的关系中获得情感需求的满足，则关系会更加稳固。企业能得到稳定和发展，情感因素也起着重要作用。因此关系营销不只是要实现物质利益的互惠，还必须让参与各方能从这种关系中获得情感需求的满足。例如，哈雷摩托车从设计到每一个螺钉的制造，都来源自美国，对于品牌粉丝而言，该品牌形象不仅仅代表了自由、狂野与浪漫，还凝结着至高无上的爱国主义情感。正如品牌专家大卫·艾格所说的："某些人似乎觉得，骑哈雷摩托车比起遵守法律更能表达强烈的爱国情怀"。换言之，消费者与哈雷品牌之间形成了一种极为稳固的情感联系，消费者购买、使用哈雷摩托车有着强烈的象征意义，代表着爱国主义情感，这种情感联系是哈雷品牌经久不衰的重要原因。在中国，近些年来，很多老品牌起死回生，主要打的也是情怀牌。消费者被怀旧情感打动，创造了北京一万箱摩奇桃汁饮料上市一小时就被抢购一空的案例。当下，消费者在软饮料方面有非常多的选择，他们抢购摩奇桃汁饮料并非出于产品质量或口味方面的考虑，几乎都是因为童年对这种饮料有着美好的记忆。因此该品牌一旦重新开始生产，立刻触动了消费者的内心。大白兔奶糖品牌在中国经久不衰也是一代代消费者追忆童年的情怀所共同打造的品牌发展成功的案例。在竞争激烈的零食、饮料市场中，消费者对某个品牌念念不忘的原因往往出于情感因素，如童年经历中的美好回忆会使消费者对品牌的印象加上温馨的光环，品牌如能在营销过程中有意识地强化这种情感印象，将有助于与消费者之间建立更为稳固的联系。

（五）动态监控关系的发展与变化

消费者与品牌之间关系的构建和维系受到各种内外部环境的影响，而环境是不断变化的，企业本身也是不断发展变化的，这就决定了关系营销的过程必然是长期的、动态的，而不是毕其功于一役、一旦成功就高枕无忧的营销活动，因而也需要企业动态监控关系的各种发展与变化，及时查知情况的变化并分析不利因素，并做出具有针对性的战略和策略的调整。

二、客户关系管理模式的提出和发展

在市场营销理论的发展过程中，我们不难发现，企业的营销理念的重心逐渐发生了从以产品为中心到以消费者为中心的转移，以关系为导向的市场营销理念在一定程度上取代了以交易为导向的理念，在这样的背景下，客户关系管理（customer relationship management，CRM）的概念一经提出，就受到企业的广泛青睐。随着数字技术的不断发展，客户关系管理又演进出新的概念分支，即电子客户关系管理（electronic-customer relationship management，E-CRM）以及基于社交媒体平台的社会化客户关系管理模式（social customer relationship management，Social-CRM）。相比较而言，社会化客户关系管理模式为客户关系管理带来了更新的理念。

（一）客户关系管理概念的提出

随着知识经济时代的到来及信息技术的快速发展普及，在 20 世纪 90 年代，企业的营销理念发生了巨大的改变。以客户为中心的营销思想逐渐被认可，企业越来越重视客户的需求和个性化的期待，也更为重视客户的满意度以及对品牌的忠诚度。基于企业提高销售、营销和服务等日常业务的自动化和科学化的需求拉动及计算机技术、通信技术、网络应用技术的飞速发展下，客户关系管理应运而生[①]。

作为 20 世纪 90 年代兴起的先进管理思想，客户关系管理的概念由 Gartner（高德纳咨询公司）正式提出，“客户关系管理是指通过围绕客户细分来组织企业，鼓励满足客户需要的行为，并实现客户与供应商之间联系等手段，来提高盈利、收入和客户满意度的、遍及整个企业的商业策略。”[②]尽管在此后，关于客户关系管理有多种版本的定义，但是，从客户关系管理的最初定义，我们能够把握客户关系管理的关键点。

首先，客户关系管理概念的提出，反映了企业经营过程中以客户为中心的基本理念，企业高度重视客户关系，以提高客户满意度和忠诚度为目标开展经营管理工作，这对于企业发展而言，具有显著的正面意义。

其次，在客户关系管理过程中，各项策略的制定应当从客户的需求出发，这能够确保企业高效地开发、维系客户，从而提高企业的核心竞争力，提高客户的满意度和忠诚度，这对于企业和消费者而言，将会形成双赢的局面。

最后，从传统的客户关系管理理念来看，在企业与客户关系管理的过程中，企业处于管理的主导地位，顾客处于相对被动的地位。企业通过搜集、购买等方式，主动获取顾客的各种行为、心理数据，并基于此，改善产品或服务以提升顾客的满意度，在此过程中，消费者与企业的沟通形式缺乏互动性和参与性。

（二）电子客户关系管理

随着数字技术的发展，以及互联网相关技术在客户关系管理体系中的应用，出现了电子客户关系管理这一概念。电子客户关系管理是指设计数字技术和数据信息帮助管理客户关系，简单地说，客户关系管理的在线操作即为电子客户关系

① 李丽莎. 客户关系管理的多元研究视角分析——客户关系管理文献述评.改革与战略，2012，28（4）：216-218.

② 叶映兰. 基于价值的客户关系管理及其应用. 科研管理，2009，30（6）：172-177.

管理。将互联网技术广泛地应用于企业的客户关系管理体系极大地提高了管理效率，也提升了消费者的满意度，但就本质来说，电子客户关系管理与传统客户关系管理并没有根本性的区别。戴夫·查菲提出了电子客户关系管理的基本手段和范畴，主要包括以下几个方面①。

（1）运用网站发展顾客，即通过电子邮件和网站上的促销信息来发展顾客并引导他们参与在线或离线的购买活动。

（2）管理顾客信息和电子邮件名单的质量，即从其他数据库中获取电子邮件地址和顾客信息，以便于锁定目标顾客。

（3）运用手机、电子邮件和社交网络等方法来辅助向上营销和交叉营销。

（4）运用数据挖掘技术来改善定位。

（5）通过在线个性化或定制化自动向顾客推荐好的产品。

（6）提供在线顾客服务（如频繁问询、回电、聊天支持等）。

（7）保证在线服务质量，以确保首次消费的顾客拥有较好的顾客体验，促使他们再次购买。

（8）管理多渠道的顾客体验，因为顾客将不同媒体作为购买体验和顾客生命周期的一部分。

必须承认，将互联网技术广泛地应用于客户关系管理使企业拥有了更为丰富的管理工具和手段，但是，企业作为管理者和主导者的角色并没有发生变化，消费者仍然是被动的一方，是被管理的对象。

（三）从电子客户关系管理到社会化客户关系管理

社会化客户关系管理是指将流行的社交媒体作为营销工具，并将之用于构建和改善客户关系。社交媒体平台的出现为企业提供了重大的机会，使企业能够更深入了解消费者并在此基础上展开与消费者之间“一对一”的互动。社会化客户关系管理能够实现的关键点在于社交媒体平台能够提供海量的用户数据资源。基于对海量的用户数据资源的获取和分析，企业能够建立对用户更为准确的理解和深入的洞察。企业可以根据对消费者的洞察结果对其进行分类，构建连接关系。

① 查菲 D. 网络营销：战略、实施与实践. 马连福，高楠，等译. 北京：机械工业出版社，2015：226.

其中一部分可能扮演着“意见领袖”的角色，在未来会不同程度地参与到企业的营销活动中来，这对企业而言意味着惊人的营销力量。如果说，从客户关系管理到电子客户关系管理的发展反映了一种手段和工具上的进步，那么，从电子客户关系管理到社会化客户关系管理的发展则又一次实现了理念的变革。

在传统的客户关系管理模式中，企业处于主导者的地位，社会化客户关系管理改变了这种格局。传统的客户关系管理研究只侧重于企业沟通手段、呼叫中心、客服管理等被动和相对静态的客户管理模式，而作为客户关系管理的最新产物，社会化客户关系管理强调发掘客户本身的潜在需求及营销意识，每一个社会化的个体都能独立地影响和改变社交圈内的用户购买行为，使之成为拥有控制权的营销个体①。这种变革从根本上说，是由社交媒体的性质决定的。社交媒体平台上的主角是用户，而不是网站的运营者。作为节点的用户基于趣缘和业缘在社会化媒体上产生裂变式的社会关系，而连接这些关系的恰是用户自己生产的内容②。传统客户关系管理中，“被管理”的顾客从边缘因素转变为中心要素，成为新兴客户关系中的支配角色。正是由于顾客成为社会化客户关系中具有支配作用的中心要素，企业需要与顾客建立更为平等的伙伴关系。这种伙伴关系表现在几个方面：第一，从产品和服务的提供方面，充分研究和跟踪消费者的需求，将他们的期待和意见纳入产品或服务的设计环节；第二，在营销过程中，充分考虑互动环节，使消费者能够方便地参与到营销活动过程中来；第三，通过与消费者长期保持“一对一”的对话和沟通，构建企业与消费者之间的亲密关系，使消费者自愿为品牌代言，从实质上成为企业和品牌的“伙伴”而非管理对象。

第二节　数字品牌与消费者关系的构建和维系

美国可口可乐公司前任董事长罗伯特·士普·伍德鲁夫曾说过：“只要‘可口可乐’这个品牌在，即使有一天，公司在大火中化为灰烬，那么第二天早上，企

① 王晨. 社会化媒体客户关系管理建设应用浅析. 知识经济，2015，(10)：37.

② 尕藏草. Social CRM：用户关系管理的新维度. 中国传媒科技，2013，(2)：74-76.

业界新闻媒体的头条消息就是各大银行争着向‘可口可乐’公司贷款。”这段话充分说明了品牌的核心价值在于消费者对于品牌的忠诚和信赖，只要这种稳固的关系还在，企业就有蓬勃的生命力。在数字时代，消费者与品牌之间的关系仍应该是品牌构建的核心。基于此，将关系营销的概念引入数字品牌的构建过程中来，是意义鲜明的。

一、在数字品牌营销中引入关系营销的理念

营销活动的核心在于建立和发展消费者、供应商、分销商、政府机构及其他公众的良好关系。关系营销中所涉及不仅仅是企业与消费者，还包括企业与供应商、零售商、竞争者、政府、其他公众之间的关系，企业对多种类复杂关系的有效管理都有利于品牌的健康发展。

在这诸多关系之中，企业与消费者的关系是关系营销中的核心部分，且与品牌的发展有着直接的关联。因而，在本书中，主要分析的也是这一部分。将关系营销的理念引入品牌的构建和维系工作当中，具有深远的意义。这是因为相较于交易导向的营销观念，关系导向的营销理念更契合品牌发展的核心思想。从品牌发展的视角来看，品牌构建的着眼点不是短期的一次或几次交易的发生，而是对于一种长远的、稳定的关系的建构。正如营销大师唐·舒尔茨曾指出的，每一个成功的品牌都是买卖双方之间的关系的总和[①]。通过给消费者承诺，构建消费者对品牌的信赖感，建立频繁的互动和对话，使消费者真正参与到品牌的活动中来，才能成功地实现品牌构建，并促使品牌不断健康发展，甚至使消费者成为品牌的代言人和“外交官”，使消费者成为品牌的共有者。

在数字技术快速发展的背景下，在品牌构筑的过程中引入关系营销的理念，是非常恰逢其时的。因为关系营销中讲到互动、沟通、参与、亲密关系，这些在数字媒体，尤其是社交媒体的框架中，能够更好地实现。社交媒体平台构建了一种在形式上最接近于现实人际关系的网络结构，而且随着它的不断发展和演进，无论是在技术上产生迭代，还是有更多的用户不断加入社交网络中来，都会导致

① 舒尔茨 D，舒尔茨 H. 唐·舒尔茨论品牌. 高增安，赵红译. 北京：人民邮电出版社，2005：215.

这种结构上的相似性的增加。我们都知道，在真实的人际关系网络中，人与人的关系建构是个体对个体发生的，这种个体对个体的、“一对一”的对话有利于亲密关系的形成。在传统媒体的渠道结构中，传播方式是由点到面的形式，这种由点到面的传播方式最显著的优势是能够在短时间内形成高效的、大范围的信息覆盖，但是沟通往往是单向的，难以形成持续的对话，“一对一”沟通难以在这种语境下实现。企业只能通过信件或客户服务电话等方式解决消费者的问题，但是由于人力物力的限制，这种服务方式不免陷入“我们非常重视您的来电，请耐心等待”的尴尬境地中。在此背景下，企业或品牌难以与消费者形成亲密的互动关系，消费者也难以参与到品牌活动中来。相形之下，数字技术的发展尤其是网络媒体的出现，使点对点的传播以及“一对一”的关系建构成为可能。企业构建各种代表品牌的网络平台，尤其是社交媒体平台，为消费者提供方便的沟通入口，使消费者获得了有效的参与和互动渠道。

从一定意义上讲，消费者力量的壮大也倒逼企业必须在品牌构建过程中引入关系营销的理念。如前文对社会化顾客关系管理的介绍中谈到，消费者对于品牌而言，不仅仅具有“钱包价值”，消费者尤其是关键消费者的社交力量现已成为品牌竞相争夺的有效传播渠道。举例而言，如果品牌拥有两个顾客，其中 A 顾客持续忠诚购买，花费大量金钱，但在社交媒体上很少发言，拥有粉丝数量也很少；而另一位 B 顾客在品牌购买方面所花费的金钱数量不多，但是，这位 B 顾客是社交媒体活跃分子且拥有大量粉丝。那么，在这样的情况下，对于品牌而言，如果从社交力量的价值来看，B 顾客的重要性则更为明显。因为如果品牌与 B 顾客之间建立了亲密的关系，B 顾客所拥有的社交网络可能会成为品牌免费的宣传渠道，B 顾客也可能在未来为品牌带来更多的新顾客。除了对于社交力量在开发潜在消费者方面的重视之外，消费者在互联网上对品牌的负面评价对于品牌的影响也不容忽视。这也要求企业准确捕捉和分析这些负面评价，寻求改善消费者印象的方法。在数字时代，消费者既有为企业必须营销助力的能力，也会有“吐槽”品牌的路径和渠道，这些能力都迫使企业不得不把关注点放在与消费者关系的构建层面，以消费者为中心，展开品牌营销活动。

二、利用数字媒体平台开展品牌关系营销

利用数字媒体平台开展品牌关系营销有三个重要着眼点：一是创建品牌与消费者之间长期关系的运作机制；二是通过不断创新沟通和参与方式增加品牌黏性；三是构建品牌与消费者之间“一对一”的关系。

（一）创建品牌与消费者之间长期关系的运作机制

品牌与消费者之间的互动和沟通应当是长期的，而不是一次性的。因此品牌应有系统的规划，通过构建一种有效的机制来形成并维系品牌与消费者之间长期稳固的关系。

例如，日本著名汽车企业丰田在对消费者进行研究之后发现，在当今的大城市中，很多消费者不愿意购买汽车。阻碍消费者选购汽车的重要原因是交通拥堵以及停车不便，从便利性的角度出发，消费者宁愿选择公共交通工具，尤其是地铁。为了应对这一问题，丰田开发了三轮电动汽车新品牌 I-road。这款三轮汽车外形小巧，能够在拥堵的车流中穿行，也能够通过狭窄的路段，在一定程度上解决大城市拥堵的问题。此车小巧的外形使其在停车方面也非常便利，一个正常的停车位能够同时容纳四辆 I-road 小车。但是，令人出乎意料的是，通过对购买车辆的消费者的持续追踪,丰田发现消费者使用 I-road 出行的时间并没有像预设的那样大幅度增加。通过查找原因，企业发现消费者仍然担心停车问题：即使能够做到一路顺畅出行,但到了目的地究竟能否找到方便的停车位呢？I-road 的续航路程只有 50 千米，能否找到方便的充电设备呢？丰田推出了后续的解决方案，他们设计了专属的手机应用，消费者只要下载这个手机应用，就能够在东京实时交通图的指引下，获取实时的停车位以及充电服务的位置等信息。通过这个手机应用，I-road 的用户还可以预约这些停车位并实现付费的功能。通过这种方式，丰田为消费者彻底解决了后顾之忧。

在这个案例中，丰田公司的战略不仅仅是以交易为导向的，而是通过对消费者行为的不断跟踪和研判，持续发现消费者在产品使用过程中出现的各种问题，并尝试为消费者提供长期的服务以解决这些问题，努力为消费者建立更为优化的

品牌体验。丰田公司给 I-road 汽车消费者设计的手机应用为丰田公司与其消费者创造了一种长期关系的形成机制，消费者在购买结束后，并不是只有在需要售后服务的时候才会再与品牌沟通，他们可以通过下载该手机应用，在任何使用该产品时获取服务与帮助。这种机制使品牌与消费者之间长期持续的沟通成为可能，也成为品牌与消费者之间健康关系的基石。

（二）通过不断创新沟通和参与方式增加品牌黏性

如果品牌的沟通机制一成不变，消费者有时难免会感觉厌倦。很多游戏和网站都有过一时爆红的经历，但是，缺乏创新往往也会使这些品牌很快失去消费者的欢心。一言以蔽之，对关系的经营也要通过创新来维持消费者的参与热度。

例如，支付宝为了增加用户黏性，除了大量提供红包等现金奖励和优惠之外，还开发了名为“蚂蚁森林”的公益性游戏，消费者通过网上支付、步行、采用公共交通出行等方式，减少碳排放，支付宝会根据消费者实际支付的笔数以及步行的距离，按照一定的规则计算二氧化碳减排的数值，给消费者计分，达到一定的分数之后，消费者可以选择不同的树种，再由支付宝运营方在中国的荒漠地区种植一棵树。支付宝将社交因素引入这个游戏之中，同样使用支付宝平台的朋友之间能够互相“偷能量”和“浇水”，这增加了游戏的竞争性和趣味性。一时间吸引了大量的消费者。为了能够保持消费者对于“蚂蚁森林”的持续关注，支付宝运营方还逐步推出了植树区域的卫星图，消费者能够通过这个卫星图比较同一片地区植树前后的景观方面的差异，还可以查看“蚂蚁森林”所栽种的森林情况。这种不断优化游戏体验，不断有创新思路的做法使消费者始终保有新鲜感。尝到甜头之后，支付宝又推出了农场、养鸡等游戏，同样将游戏结合了在线支付等环保行为和公益因素，并引入社交因素增加游戏的趣味性和竞争性，使消费者打开支付宝的频度大幅度增长。淘宝也有同样的思路，2018 年，淘宝购买了“旅行青蛙”在中国的版权，并进行了改版。这款曾经风靡一时的日本游戏被嵌入到淘宝的页面中来，游戏用户可以通过“养蛙”获得明信片，饱览中国大好河山。与此同时，“养蛙”也与淘宝购物相关联，通过淘宝购物支付成功能够获取游戏中的奖励。近年来，淘宝中的各种小游戏层出不穷，2017 年，淘宝上线了一款运用 AR 技术的“抓猫”游戏，游戏玩家通过运用智能手机“抓猫”，能够获取多个品牌的优惠券和礼品。

在品牌与消费者的关系中，消费者是需要新鲜感的，一成不变的运营思路必然会导致消费者的疲倦。品牌必须不断地给消费者带来惊喜和刺激，在复杂的竞争环境下以及碎片化的媒体环境下，消费者才能保持对品牌的持续关注，同时，也才能实现品牌与消费者之间关系的持久“保鲜”。

（三）构建品牌与消费者之间“一对一”的关系

在品牌与消费者的关系中，消费者并不是一个面目模糊的群体，而是由一个个有血有肉的个体构成的。每一个个体对品牌的认知和印象共同构成了品牌的资产。因而，构建“一对一”的关系对品牌来说非常关键，但又充满了挑战。在这里“一对一”的关系既包括品牌与消费者个体之间的关系构建，也涵盖了品牌与某一类有着共同特征的消费者群体之间的关系。数字技术使这种品牌与消费者之间“一对一”的关系得以实现。

特斯拉品牌非常注重与消费者之间“一对一”的沟通。无论是 2013 年特斯拉汽车发生在西雅图的车祸还是在 2017 年发生在明尼苏达州的车祸，特斯拉在随后对车祸状况的说明中，都引用了车祸驾驶员与品牌相关负责人的邮件，在这些邮件中，驾驶员说明了车祸的具体情况，并澄清自动驾驶技术并不是导致车祸的原因。品牌相关负责人通过邮件的方式与车祸中的驾驶员进行联系，这是非常个人化的沟通方式，体现了品牌对消费者的关切与重视，这展现了特斯拉在处理与消费者关系的过程中非常具有人情味。驾驶员能够在邮件中详细客观地说明车祸中的具体情况，并同意公开邮件，为特斯拉品牌背书，这也反映了其作为用户对品牌的认同和忠诚。

麦当劳打造的“our food，your questions”（我们的食物，你的问题）活动是在互联网平台上创建“一对一”关系成功的案例。这一活动的缘起是麦当劳发现消费者由于对品牌怀有各种质疑，导致品牌整体销量下降。基于此，麦当劳推出了这一鼓励消费者提问的活动。此活动鼓励消费者在互联网上活动页面和社交媒体上提出自己想了解的关于麦当劳的任何问题。消费者的提问五花八门，包括：你们使用的是百分之百纯牛肉吗？你们使用的是怎样的鸡蛋？麦乐鸡是怎样做出来的？……为了应对这些问题，为消费者答疑解惑，麦当劳公司构建了一个快速应答团队，认真对待消费者的任何质疑，以各种不同的方式回答消费者的问题，这一活动广泛运用了社交媒体平台。例如，在 Twitter 上，消费者会得到关于某些问题的文字回答。对另一些关键性的重要问题，麦当劳还会精心制作视频，通过 YouTube、Facebook 等社交媒体平台传播这些问题和回答。自己所提出的问题得到认真的回答使消费者感受到来自麦当劳的充分尊重，真诚的答案也使品牌更为透明。更重要的是，在这一活动告一段落后，麦当劳并未解散快速应答团队，他们认为仍然需要受过严格培训的团队持续对消费者感兴趣的问题进行回答和应对。也就是说，麦当劳保留了这种倾听每一名消费者问题，并给出诚恳答案的“一对一”关系运作机制，这是非常先进的品牌管理理念。

无独有偶，2013 年，当蒙牛在产品安全性受到质疑时，也开展了类似活动。蒙牛品牌搭建了“你的质疑、我的责任”的活动网站，同时也开通了活动微博以及微信客服公众平台。任何一名消费者只要在上述三个平台中的任何一个提出关于蒙牛品牌或者牛奶的相关问题，都会收到回复。在不到一年的时间里，通过三个平台，蒙牛收集到了超过两万条问题，每一个问题都得到了精准的答复。通过这种方式，蒙牛与消费者之间实现了“一对一”的有效沟通，消费者对食品安全的质疑也得到了缓解。

在传统媒体时代，即使是像麦当劳这样的大品牌也几乎不可能构建这种“一对一”的关系，因为传统的大众传媒渠道无法实现这种点对点的沟通，很多消费者甚至没有提出问题的渠道。但在新媒体时代，通过对数字技术的运用以及合理的团队设计，品牌能够做到倾听消费者的所有问题，回答消费者的每一个问题，让消费者个体感受到品牌与消费者之间的关系是真实存在的，品牌真诚关注每一名消费者的感受。

基于以上三点，品牌与消费者之间健康的关系才能形成并得以保持，品牌才能够找到真正的品牌“种子顾客”，这些忠诚且有着社交网络价值的“种子顾客”会利用他们手中掌握的媒介渠道，参与品牌营销，甚至是代表品牌发言，成为品牌的“外交官”。

第三节　在线公关与品牌危机处理

在数字媒体时代，公共关系被重新定义，有学者认为：“公共关系是各类组织、个人为达到创造最佳社会关系环境的目的，利用各种传播手段与公众或他人之间有计划地、持续沟通交流的行动或职能。”[①]对于品牌所有者而言，在复杂的社会环境当中，不仅需要利用各种传播手段去建立和完善自身形象，而且也需要考虑在危机发生之时，运用各种新媒体手段来解决各种危机事件。

一、在线公共关系在品牌数字营销中的重要作用

在品牌数字营销过程中，在线公共关系的运作发挥着重要的作用。首先，成功的在线公共关系活动能够强化品牌形象；其次，在线公共关系活动通常有着较低的媒介使用成本；最后，在线公共关系活动的开展能够增强消费者对品牌的信赖感。

（一）在品牌数字营销过程中，成功的在线公共关系活动的开展能够帮助强化品牌形象

这种对品牌形象的强化主要是指在线公共关系活动能够与品牌广告与营销活动中所传达的品牌定位和主旨相呼应，通过多元化的渠道和沟通方式，实现与消费者的有效沟通，使消费者能够更深层次理解品牌定位的内涵。

以优衣库为例，该品牌自 2012 年以来，开展了“全商品回收再利用活动”，该活动的理念是“最大限度发挥服装价值”，号召消费者将任何不再穿着的优衣库服装送回任何一家优衣库门店。这些服装在经过收集、清理后，所有有污渍和破损的服装将会被用于废物发电，其他状况良好的服装则将会被运送到一些贫困或受灾地区，分发给有需要的人。优衣库在全球开展“全商品回收再利用活动”开

① 刘志明．“公共关系”再定义．新闻与传播研究，2014，（11）：113-115.

始于 2001 年，其理念是向真正有需要的人提供切实可穿着的服装。在这个活动中，优衣库生产的是经久耐穿的“真正优质的服装”这个理念得到了进一步的传播，与此同时，优衣库进一步传播了所有服装都是可共享的这一理念，另外，衣物反复穿着利用的做法也是符合环保理念的。优衣库通过此活动传递了品牌的社会责任感和人文关怀。优衣库还更进一步结合中国社会文化传统，回顾了中国家庭中曾经有过的现象，即年幼的孩子会穿着兄姐的旧衣服这一传统，提出了传承这一节约美德的倡议。在“全商品回收再利用活动”中，优衣库的品牌价值观随着活动的开展得到了进一步的强化和发展。

（二）在线公共关系活动媒介使用成本相对较低，性价比高

在品牌的在线公共关系活动中，在媒介的渠道选择方面，多采用自主性强且零成本的自有媒体，如企业官方网站、品牌社交媒体公众号、消费者论坛，甚至是建立活动相关网站等。由于省去了大量购买媒介的费用，在线公共关系活动成为数字品牌营销活动中性价比较高的一个组成部分。

例如，在 2010 年，百事可乐宣布退出曾合作了 23 年的美国职业橄榄球大联盟年度冠军赛（超级碗），不再继续斥巨资在“超级碗”赛事中投放电视广告，转而开展一项全新的社会公益项目“百事焕新项目”。在“百事焕新项目”中，百事可乐决定出资支持推动社区向前发展的创新想法，在百事官网的活动相关页面上，任何人都可以注册并提交自己的创新想法，这些创新想法被分为六大类，分别是医疗、艺术、文化、食物、住房以及我们的星球。网友上传的创新想法会被公布在网站上，获得较高投票支持的创新想法将获得百事公司的投资并将此创新想法付诸实施。通过官网、YouTube、社交媒体网站的传播，大量的创新想法被源源不断地上传到活动网站上。尽管“百事焕新项目”最终草草收场，但这种媒体渠道的组合使用方法和思路展现了在线公共关系活动开展的媒体策略。相比于“超级碗”赞助的巨额广告费，在线公共关系活动的媒体策略在花费方面，是更为经济的。

（三）在线公共关系活动有助于建立消费者对品牌的信赖感

在在线公共关系活动的策划过程中，区别于传统的广告与营销行为，企业更为看重的是品牌社会责任感的体现以及品牌与相关公众之间良好关系的建

立。在媒体运用方面，在线公共关系活动也更为注重与消费者之间的“对话”，而非单方向的传达和劝服。基于此，这种更具“非功利性”色彩的沟通活动能够避免消费者的抵触和反感，带来更为积极的反馈，因而有利于消费者建立对品牌的信赖与忠诚。

联合利华品牌旗下的多芬品牌自2006年以来，开展了“real beauty”（真美）行动，在这个活动中，品牌持续探讨“增强女性自我认同”的话题，并试图构建更健康也更为多元化的审美观。该品牌将拍摄的相关视频投放在YouTube等网站上，还通过多芬官网、多芬社交媒体账号等平台展开相关话题的讨论，与此同时，该活动还开展了“多芬自信养成计划”（Dove Self-Esteem Project），召集了全球数以万计的家长和老师参与该项目的在线活动，帮助青少年提高自尊心和自信心。该活动与图片分享类社交网站Pinterest合作，在活动页面上推出了丰富的分类话题，如“青少年人际关系”“构建你的内在信心”“家庭的影响”“同辈压力与霸凌”“对父母说的话”等，参与者可以选择自己感兴趣的话题，参与讨论，获取经验。这些活动的参与者众多，既包括在成长过程中遭遇各种问题的青少年，也包括他们的家长、亲友和老师。活动唤醒了很多消费者对更多个人问题乃至社会问题的思考，也强化了消费者对多芬是一个值得信赖的、富有社会责任感的品牌的认知。

二、在线公共关系与传统公共关系的差异

在互联网时代，公共关系的框架在一定程度上被重构。公共关系包含主体（社会组织）、客体（社会公众）以及中介（连接主体与客体的传播）三个部分。首先，进入互联网时代，公共关系的主体变得更为宽泛。其次，从客体也就是公众的角度而言，在互联网时代，大多数普通人获得发声的渠道，因而能够在互联网上表达自己的意见，这导致意见呈现出多样化的特征。最后，在中介也就是传播方面，互联网时代的媒介传播呈现出去中心化、互动化和精准化等特征[①]。这种框架的重构必然带来在线公共关系与传统公共关系的差异。

---

① 姚曦，黎明. 互联网时代公共关系的理论与实践. 北京：中国建筑工业出版社，2017：11-12.

戴夫·查菲等研究者认为，在线公共关系与传统公关的差异有四个主要方面，包括：①可控性差；②有更多的选择来创建信息；③需要更迅速的反应；④易于监督[①]。

（一）在线公共关系对于企业而言，可控性更差

在数字媒体时代，公共关系框架中的“中介”，即媒介渠道的变化导致了在线公共关系可控性更差这一问题。在传统媒体时代，由于媒介资源的稀缺，企业公共关系活动能够使用的媒体渠道极为有限，而且这种传播主要是一种由点到面的传播方式。正因为此，公共关系管理的主体可以从源头出发对渠道实施管理，可控性强。再加上在传统媒体时代，消费者对于媒体资源的掌控能力相对较弱，这也使企业处于传播中相对强势的地位。如前文所述，在互联网时代，媒介资源不再稀缺，各种网络媒介平台都能够成为信息传播的通路。公共关系的主体需要综合运用多种媒介传播渠道，开展信息传播活动与各类社会公众进行沟通和互动。与此同时，媒介传播呈现出更为碎片化、去中心化的趋势，消费者在媒介资源占有方面情况大为改观。网络社区、博客、各类丰富的社交媒体平台，都给消费者提供了发声的渠道。这种力量强弱对比的变化必然使企业实际的控制力被削弱。这也给公共关系主体带来极大的挑战。

（二）在线公关所使用的信息传播渠道更为多样化

在传统时代，公共关系信息传播主要依赖于电视、报刊等主流媒体渠道。在数字时代，在线公共关系对传统媒体渠道的依赖性相对较低。这是由于企业拥有的媒介渠道非常丰富多样。企业不仅能够通过官方网站传播公共关系活动的相关信息，还可以通过企业所创建的社交媒体账号、品牌社区等实施信息的传播活动。例如，特斯拉品牌就几乎没有在传统付费媒体上主动发起过任何的信息传播活动，而是主要依靠特斯拉官方网站、社交媒体账号，甚至是企业 CEO 埃隆·马斯克的社交媒体账号发布信息，并与消费者展开交流和互动。杜蕾斯由于产品性质的原因，无法投放传统电视广告，也将品牌营销活动的重心主要放在各种社交媒体

① 查菲 D. 网络营销：战略、实施与实践. 马连福，高楠，等译. 北京：机械工业出版社，2015：364.

上。投放传统付费媒体广告的大户如可口可乐、宝洁等，现在也越来越多地将品牌营销活动转移到新媒体渠道中来。2018年，阿里巴巴旗下的菜鸟联盟联合中国国内主要快递企业，发起了“城市超人”计划。这一计划是为了给在高温下辛勤工作的快递员、外卖小哥、环卫工人、交警等人群提供免费的降温饮料。在首批的18个城市中，该计划依托快递点、便利店、超市，在城市街头设立了“城市超人补给站”。所有的站点都贴有活动海报，只要看到活动海报，快递员们就可以免费获取降温福利。这一活动的信息主要发布在高德地图这一手机应用上，只要打开高德地图，搜索“城市超人”或者“城市超人补给站”，地图中就会显现最近的站点。这一温情脉脉的活动并没有通过传统的媒介渠道进行宣传，主要是通过站点的招贴以及高德地图来传递信息。与此同时，菜鸟联盟制作了关于“城市超人补给计划”的视频，发布在视频网站上。该视频打动了很多受众，在社交媒体上引发了大量的讨论，也获得了来自大量媒体的关注和报道。此活动反映了菜鸟联盟和快递企业的人文关怀和社会责任感，活动策划方低调、务实地将相关信息在高德地图上传递，并在接下来活动开展的过程中将活动视频进行编辑，投放在社交媒体平台上，这是非常高效率的媒介组合方式，取得了很好的传播效果。

（三）在线公共关系需要有更为迅速的反应

传统媒体有其信息生产周期，然而，这种信息生产周期在数字媒体时代变得极其短暂。网络世界的信息更新是即时的，任何信息都可能在任何时间被发布在互联网上。由于在线公共关系主要应用各种网络媒体与消费者的沟通，在这样的背景下，信息更新的速度是非常迅速的。尤其是在社交媒体上，关于品牌信息的生成、发酵和传播速度非常惊人，因而社交媒体倾听就变得至关重要。有些企业甚至针对此问题设立了专门的快速反应团队，对社交媒体进行实时的监控，并对品牌相关的各种声音做出迅速的反应。

（四）在线公共关系更易于监督

新媒体技术的发展一方面使信息传播环境变得更为复杂，企业在对信息渠道控制的角力中失去了一定的控制权，另一方面，技术的发展也使企业拥有了更多的手段和工具，能够对在线的品牌相关信息进行更为方便和高效率的监督。不难理解，在当下的媒介环境中，消费者在论坛或社交媒体上对于品牌的讨论和意见能够被企业通过各种网络声誉管理工具进行实时搜索和监控，在此基础上，企业能够建立对公共关系状况的全天候在线监控系统，这对企业进行公共关系的相关管理工作无疑是大有帮助的。

三、公关关系与品牌危机处理

除了在品牌构建活动中进一步通过多渠道的沟通强化品牌形象，增加消费者对品牌的信赖感，在线公共关系活动的另一个重要任务就是对品牌危机事件的处理。

（一）数字时代负面事件传播发酵速度极快，需要品牌即时应对

危机公关的三个关键原则之一就是黄金时间（事发后 12~24 小时），在数字时代，互联网有着惊人的信息传播速度。这就要求品牌所有者必须以迅速的反应来应对互联网上负面消息的传播速度。2017 年，海底捞品牌爆出丑闻，记者发现海底捞北京劲松店和太阳宫店有着严重的食品卫生问题，厨房非常脏乱，与海底捞长期以来建立起来的完美服务的品牌形象形成了巨大的反差，一时间互联网上轩然大波。海底捞迅速反应，第一时间在互联网上发布了诚恳的道歉信，承认问题的存在，并反思了食品卫生问题背后的深层次管理问题。迅速的反应和诚恳的态度使品牌负责任的正面形象得以建立。

（二）合理利用新媒体渠道，给消费者提供更为全面和深入的信息

对于品牌所有者而言，在线公共关系活动所选择的媒体渠道可以非常灵活多样，需要选择最具有说服力的信源和媒介渠道。企业不必拘泥于传统新闻发布会等方式，可以合理利用互联网丰富的媒介资源，将尽量详细的信息传递给消费者，消除消费者的困惑和怀疑。

以特斯拉品牌为例，在其危机公关的案例中，就大胆选用了企业 CEO 埃隆·马斯克的社交媒体账号，实现了与公众的有效沟通。2017 年 10 月 1 日，一辆特斯拉 Model S 型轿车在美国西雅图南部的公路上发生了车祸，这辆汽车在车祸中起火，车辆起火的现场图片迅速通过互联网传遍全球，质疑声四起，人们对特斯拉

汽车自动驾驶技术和安全性的疑虑一时间甚嚣尘上。特斯拉汽车的公关总监在第一时间就汽车起火事件发表了紧急声明，首先承认了此次车祸的消息属实，其次声明了这辆特斯拉 Model S 汽车并非自燃着火，而是车祸的撞击导致汽车起火。这位公关总监还强调了起火并未殃及驾驶舱，而且特斯拉的警报系统工作正常，引导了驾驶员靠边行驶并安全撤离，并未产生人员伤亡。但是，相关信息给出的细节有限，并没有消除消费者心中的疑虑和对特斯拉汽车安全性的质疑，在接下来两天的时间里，特斯拉股票大跌，特斯拉汽车起火的新闻也在互联网中继续发酵。在事件后续的发展过程中，力挽狂澜的是特斯拉总裁埃隆·马斯克的进一步策略。埃隆·马斯克在社交媒体上拥有超高人气和大量的粉丝，是很多消费者崇拜的科技英雄。因而，作为信息的发布者，埃隆·马斯克相较于之前发生的品牌公关总监，在传播的说服力方面拥有强大的优势。在事故的第三天，埃隆·马斯克在自己的社交媒体账号上发表了长文，详细地向公众解释特斯拉汽车起火的具体情况原因，说明了特斯拉比传统燃油车更为安全的原因，并给出具体的数据：驾驶传统燃油汽车遭遇火灾的可能性是特斯拉汽车的 5 倍。最后，他还援引了事故驾驶员与特斯拉一位副总裁之间的电子邮件沟通记录，在电子邮件中，驾驶员认为汽车电池经历了一次“可控燃烧”，而且互联网上的图片“夸张了”。埃隆·马斯克在社交媒体上发表的文章通过翔实的信息、诚恳的态度说明了事故的真相，他还在社交媒体上与消费者进一步沟通和互动，终于成功化解了此次危机。由此可见，在新媒体时代，应对危机，企业和品牌不必太过拘泥，合理地应用品牌所拥有的最具影响力和说服力的信息源和平台，创新性地使用社交媒体，都有可能带来更好的传播效果。

（三）倾听消费者的反馈和疑问，积极展开互动

在应对危机的过程中，品牌需要及时把握消费者的想法和情绪走向，并开展有效的互动，化解不利形势。2014 年，著名内衣品牌“维多利亚的秘密”为了当年维密大秀的预热，推出了一支平面广告，广告上呈现了十名身材纤细苗条高挑的模特，她们身着维密内衣，广告标题是“完美的身体”（the perfect body）。这支广告迅速引起轩然大波。很多普通消费者在社交媒体上发表自己的看法，认

为维多利亚的秘密品牌宣扬了一种不健康的、单一的美丽文化，有些媒体尖锐地指出，维多利亚的秘密品牌没有资格定义究竟何为“完美的身体”。甚至有三位学生在互联网上发起了请愿，在请愿书中，她们指出维多利亚的秘密品牌的营销方式是有害的，因为在广告中，品牌宣称只有一种瘦削的身材体型是完美的，对于其他体型的女性而言，这种宣传具有伤害性，甚至可能导致青少年盲目地减肥以及饮食的失调。一些大码服装品牌也迅速借势发声，找到体型并不完美的普通女性拍摄广告，并提出“每个人都是美丽的”这一口号，以此倡导多元化的审美，因而获得了消费者们的普遍支持。短时间内，全球有上亿名消费者在互联网上批评并参与抵制维多利亚的秘密品牌的营销活动。维多利亚的秘密品牌应对这一危机的策略有很多不足之处：一方面速度不够快，没有在第一时间对消费者的质疑给予回应；另一方面，也没有诚恳地公开道歉，反而一再申辩这一广告创意的初衷是为了通过“完美的身体”广告中所展现的身材来诠释品牌对美好生活的憧憬和追求，然而这一解释并未获得广大消费者的认可。更重要的是，针对消费者如潮水般的批评和负面反馈，维多利亚的秘密品牌并未提供有效的对话和沟通渠道，而是任由消费者的情绪在互联网中发酵，因而也失去了扭转负面形象的机会。

另一个案例来自中国的电商服装品牌韩都衣舍。创立于 2006 年的韩都衣舍构建了非常成功的小组制品牌营销机制，整个公司被划分为 300 多个包含设计、营销、运营完整功能的小组，每个小组对自己推出的所有款式服装负责，根据服装投放市场后的消费者反应决定哪些款式更为畅销，再针对性地灵活决定不同款式追加生产的数量。这种柔性管理的方式极大地提升了品牌的效率，韩都衣舍很快成为服装电商的明星品牌，多年来在各大电商平台中一直是众多服装品牌中的佼佼者。然而，2011~2014 年，韩都衣舍的客户投诉量持续上升，2014 年全年的客户投诉量达到 1 260 起，同比增长了 25%①。对于服装品牌而言，针对目标消费群体的需求，反应敏捷地打造消费者所需的款式并快速实现款式和设计的迭代，对于消费者而言，的确具有巨大的吸引力，韩都衣舍在这方面显现出极大的优势，品牌的魅力也因此凸显出来。但品牌与消费者之间长期健康、稳固关系的

① 丘惠翠，徐伟信. 电商企业客户关系管理策略探析——以韩都衣舍为例. 电子商务，2017，(10)：38-39.

建立是品牌发展的重要基石。客户投诉量的持续增大反映了品牌满意度的降低，也反映了企业未能及时通过与消费者的互动，深刻把握消费者的需求和期待，这种在关系管理方面的不足会降低消费者对品牌的满意度和忠诚度。从长远来看，不仅导致品牌形象受损，也会进一步导致消费者缺乏对自己的社交圈推广品牌的意愿，甚至可能导致负面口碑的形成，这对于品牌的发展是极其不利的。

时代在变，消费者也在不断变化。品牌营销推广必须精准把握消费者的变化，从消费者的感受出发，把眼光放远，将对关系的管理放到品牌营销工作的关键位置，才能在新的市场环境下，实现成功的品牌构建。

延伸阅读

TOMS 品牌打造“世界无鞋日”活动，以公益活动塑造富有社会责任感的品牌形象

2006 年，当一名来自美国的旅行者 Blake Mycoskie 来到一个阿根廷的村庄时，他发现当地的孩子生活极端贫困，甚至连一双鞋子也没有，这件事给 Mycoskie 极大的触动，因此他创立了一个鞋类产品的品牌 TOMS，此品牌的宗旨是每卖出一双鞋，便为贫困的儿童捐出一双鞋，即“one for one”的企业理念。到目前为止，TOMS 品牌已经销售出了数百万双鞋子，同时不忘初心，也送出了相同数目的鞋子。在此过程中，TOMS 品牌不断宣传其品牌理念，希望能有更多人了解到贫困地区孩童现状并因此参与到活动中来。2007 年，TOMS 品牌打造了“世界无鞋日”的概念，将每年的 5 月 21 日定为“世界无鞋日”，希望唤起全社会对贫困儿童的关注，并为他们提供力所能及的帮助。2015 年，TOMS 品牌在“世界无鞋日”到来之际，号召消费者在 Instagram 平台上上传自己光脚的照片，消费者每上传一张活动的照片，TOMS 就会为贫困儿童捐出一双鞋子。此活动一上线便反响热烈。在活动期间，TOMS 共捐出了 25.5 万双鞋子。TOMS 品牌的“世界无鞋日”活动触动了消费者的情感和同情心，并且无鞋日的活动的参与门槛极低，消费者只要

付出举手之劳，便可以参与慈善活动，并以此获得“助人为乐”的心理满足感。而且，在社交媒体上对这一营销活动的转发也与消费者个人形象的建立具有相关性。这些因素都与社交媒体传播的规律相契合，因而引发了病毒式的传播，使品牌营销活动迅速成为刷屏的热点，也在更大的范围内打造了TOMS品牌富有责任感，值得信赖的品牌形象。

http://www.flightclub.cn/fashion/view/16650

百雀羚“万万没想到”的关系营销

丰富的互动渠道和富有人文关怀的活动创意能够持续构建品牌与消费者之间的和谐关系。百雀羚在2016年组建了一个名为“万万没想到”的部门。该部门持续从电商平台中搜集用户信息，并对这些消费者信息进行筛选，捕捉其中具有的典型性需求，并尽量创造性地给予满足。其中一个案例是某消费者在电商平台上与客服沟通时，谈到自己与母亲之间的关系一直相当紧张。针对这一信息，“万万没想到”部门撰写了一封信件，这封信的标题是“爱你在心口难开”。百雀羚品牌将这封信随产品包裹寄给消费者母亲，给消费者带来了极大的惊喜。在另一个案例中，客服从谈话中得知消费者即将结婚，该部门便在消费者购买产品的包裹中附上具有祝福意义的礼物，这种温情脉脉的举动使消费者大为感动。百雀羚品牌还曾有一个阶段在消费者的包裹中多赠送一个品牌经典产品蓝罐冷霜，并通过一封信告诉消费者，希望消费者能够将赠送的冷霜送给身边的保洁阿姨。这些活动都给消费者带来了惊喜和温暖，并且能够持续维持消费者与品牌关系的温度，构建消费者对品牌的忠诚度。与此同时，消费者往往愿意将自己获得的温情和感动传递出去，形成二次传播，也使品牌形象得到进一步的加强。

http://www.digitaling.com/projects/16084.html

第六章 整合数字媒体渠道打造品牌形象

进入数字媒体时代，很多企业都被时代的浪潮所裹挟，在品牌构建的过程中开始或主动或被动地运用新媒体工具。然而，对有些媒体而言，应用数字媒体渠道不过是将传统媒体的营销传播思路移植到数字媒体平台上。很多企业建立品牌官方网站，但版面刻板、内容陈旧；有的品牌简单地将电视广告投放到视频网站上去；很多品牌社交媒体网站自说自话，无法吸引消费者参与互动。在很多情况下，新媒体的优势和特点并没有在品牌营销活动中充分地被企业所用。事实上，新媒体环境下数字媒体渠道的丰富资源使品牌运用者拥有了更多能够有效到达消费者的接触点，但这也给品牌运营者提出了更高的要求，这需要他们能够基于对数字媒体渠道的深刻理解恰如其分地使用这些媒体，更重要的是，品牌的运营者应该站在战略的高度，整合多元化的品牌接触点，使丰富的渠道资源在品牌构建的过程中形成合力。

第一节 数字媒体的特征

基于计算机及数字存储技术的发展，近年来，人类社会中的媒介发生了爆炸性的变化，传统的传播学被改写，品牌与消费者沟通的路径也经历了从理论到实践的巨大变迁。新媒体时代的品牌营销沟通行为离不开对数字媒体的准确把握，这要求品牌运营者必须准确理解数字媒体的实质，认清数字媒体与传统媒体的本质差异。

一、数字媒体与传统媒体的差异

数字技术的发展使媒体发生了革命性的变革。传统媒体无法逾越的某些困难和问题在数字媒体时代迎刃而解。总体来看，数字媒体与传统媒体的差异可以归结为三个主要方面：①数字技术的发展使新媒体突破了地理空间边界，实现了全球传播；②数字技术的发展在一定程度上解决了传统媒介环境下媒介资源稀缺的问题；③传统媒介环境下信息传播端和信息接收端泾渭分明，受众在信息传播过程中处于明显弱势地位，数字媒体环境下，这一格局得到改观。

（一）技术的发展突破了媒体的地理空间边界的限制

纵观传统媒介，无论是电子媒介，还是印刷媒介，都具有鲜明的地理空间边界限制。基于政治、经济、社会文化、宗教等多种因素的立场的不同，传统媒介通常都会被划定较为明晰的地理空间边界，这种边界通常很难逾越。然而，数字媒体技术的发展使这种地理空间边界被轻易打破，互联网在此方面的特点尤其突出。如今，传统媒体通过接入互联网，成功地跨越了地理空间边界。例如，尽管纽约时报是全球享有盛誉的媒体，但其纸质报刊在美国之外的其他国家和地区的落地和发行是很困难的。相对而言，在当下，随着纸质媒体纷纷接入互联网，用户在互联网上浏览纽约时报的网站就易如反掌。从用户的角度来讲，不同国家的用户只要能够有效接入互联网，就能够在一定程度上跨越地理空间边界的限制，方便地浏览其他国家、地区的网站，获取需要的信息内容。在新媒体环境下，像谷歌、YouTube、Facebook、Snapchat 等网站已经发展成为风靡世界的互联网平台。

（二）从资源稀缺到资源的极大丰富

以电子媒介（广播和电视）为代表的传统媒体具有资源的稀缺性的特征。例如，在很长一段时间里，广播频率作为一种自然资源，其随意使用会导致相互干扰，损害消费者和经营者双方的利益，因而其在大多数国家都受到严格管制。随着媒介技术的发展，基于数字技术构建的媒体新形式使得媒介资源的稀缺性特征成为历史。特别是随着点对点（peer to peer）等互联网技术的应用，让用户可以直接连接到其他用户的计算机，进行文件共享与交换，这种点对点技术的显著特点就是改变了互联网以门户网站为中心的这种大型网状结构的局面，它重新给予了“非中心化”结构中网络用户应有的权利。也就是说，网络应用的核心从中央服务器向网络边缘的终端设备扩散：服务器到服务器，服务器到个人电脑、个人电脑之间……所有网络节点上的设备都可以建立点对点对话。从某种意义上说，点对点技术宣告了服务器霸权时代的终结，在互联网中，对点对点技术的应用，使用的人数越多，速度就越快。在这样的背景下，任何两个用户之间都能够建立直接的联系，这意味着从理论上说，传播渠道几乎是无限的，因而，传统媒介时代资源稀缺的情况就一去不返了。当然，不同的媒介渠道在权威性、影响力和覆盖面方面还是有很大差异的。

（三）传播端和接收端的角色模糊、权力分配的转变

在传统媒体时代，拉斯韦尔提出了大众传播经典的5W模式，他将传播过程概括为五个关键因素的线性传播模式。这五个关键因素分别是谁（who），说什么（says what），通过什么渠道（in which channel），对谁说（to whom），以及取得什么效果（with what effects）。在这个经典的传播模式中，传播是单向的，且有着明确的信息传播端和信息接收端。在传播过程中，主动权由位于信息传播端的媒体掌握，媒体决定着信息内容及传播的具体方式，相比之下，作为信息接收方的广大受众处于传播过程中的弱势地位，扮演着被动的角色。在这种传播模式中，缺乏有效的反馈渠道，受众几乎不可能获得媒介渠道的控制权。

在数字媒体时代，尤其是在互联网环境下，传统的5W模式所描述的传播过程框架的解释力受到极大的挑战。单方向的、点对面的线性传播模式已经被点对点的传播模式所取代，界限清晰的信息传播端和信息接收端也不复存在，尤其是在社交媒体平台上，每一个用户（节点）都可能同时扮演着传播者和接受者的双重角色。每一个互联网用户都可能同时成为信息源头及传播渠道，用户不再处于完全被动接受的弱势地位，他们对媒介渠道的控制权增强。

例如，在著名的维基百科网站上，在WEB 2.0技术的框架下，每一个用户都

可以自由地对网站中的任一词条进行编辑。维基百科的用户不再是传统意义上的受众，他们既是信息的使用者，也是信息的生产者。在中国的知识问答型网站知乎上，用户可以在网站上自由地提出问题。针对这些问题，感兴趣的用户会给出答案；阅读答案的用户们会通过点赞、反对、评论的方式进一步添加自己的意见；回答的用户也可以不断编辑和修改自己的回答；用户之间可以互相关注；用户们也可以根据自己的需要，在网站上搜索已有的问答内容，了解相关信息。在这里，知乎网站提供的是一个方便易用的平台，而且，与传统媒介相比，其最大的区别在于这些网站中的内容都是由用户共同创作的，用户既是信息的生产者、传播者，也是信息的接收者。维基百科和知乎是当下互联网中的典型案例，充分体现了互联网用户在媒介权力分配格局中的新地位，也展现了传统“受众”概念在互联网空间中的演变。互联网用户群体在传播过程中，已经形成了非常复杂的网络，在这个网络中，用户具有了强大的信息生产能力，与此同时，信息传播者和接受者的身份是模糊的、随时切换的。

基于数字媒体与传统媒体的巨大差异，企业在品牌营销推广的过程中必须尽快转变思路，找到在新媒体环境下开展高效传播的合理路径。

二、数字媒体的基本特征

通过对数字媒体与传统媒体差异的分析，我们能够总结出数字媒体的三个关键特征：①数字媒体跨越地理和政治边界的限制，覆盖面更广；②随着移动互联网的发展，数字媒体传播的即时性更强；③数字媒体提供了点对点传播的实现路径，体现出更鲜明的互动性。

（一）覆盖面更广

数字技术的发展使新媒体能够更为方便地实现对大范围内目标受众的覆盖，这是因为，互联网的网络框架与结构使其传播范围跨越了传统媒体难以逾越的政治和地域边界，居住在不同国家，生活在不同的社会、文化、宗教背景下的受众可能使用着同一媒体。这种变化带来的直接后果就是媒介传播的覆盖面更为广阔，以 Facebook 为例，作为全球第一大社交媒体应用，Facebook 打破了国家与地域的限制，2017 年前三个月的月活跃使用者就达到了 19.4 亿人[①]，覆盖了 130 多个国家和地区。Twitter 也迅速成为全球性的媒体，到 2017 年 8 月，Twitter 的月活跃用户数达到了 3.28 亿人[②]。这种传播的覆盖面是前所未有的，也是在传统媒体时代所无法想象的。正是因为数字媒体所拥有的巨大用户量，使得这些媒体在受众中的影响力几乎无远弗届。由于影响范围巨大，谷歌被称为全球最大的广告公司。除了这些具有全球影响力的媒介之外，在一个国家或区域范围内，新媒体也能够实现比传统媒体更强的信息覆盖能力。例如，截至 2018 年 5 月，中国目前最为流行的社交媒体微信的月活跃用户超过了 10 亿人[③]，庞大的用户基数造就了微信能够实现信息跨地域传播的可能性。微博也是如此，在微博热搜榜上排名靠前的热点事件引起的关注往往是全国性的。

（二）信息传播的即时性强

在网络时代，数字传播技术的发展以及信息终端的更新换代使信息传播的即时性得到增强。在这样的背景下，传播活动可以通过直播等形式，实现事件的发生与传播完全的同步。从信息接收端的层面来看，信息接收的行为也突破了时间、空间的限制，尤其是在移动互联网和智能手机迅速发展的背景下，互联网用户随时随地、全天候接受信息的媒介使用行为越来越普遍。

数字媒体信息传播即时性强这一特点也受到了很多企业的青睐。近年来，很多品牌在营销活动中，采取了直播的形式。杜蕾斯在 2015 年白色情人节前夕，在弹幕网站 Bilibili 上为其 AIR 空气套做了一个长达 3 小时的品牌直播活动，题为“比电影还长的杜蕾斯”，为即将在 3 月 14 日推出的新产品预热造势。从当天晚上 6 点半开始，杜蕾斯在 Bilibili 网站上建立了网络视频直播间。直播间的场景和直播的内容都极为简单，甚至简单到有点恶搞的程度。直播间里，白色的背景前，赫然摆着一台标有杜蕾斯 AIR 品牌商标的售货机，还有一对年轻情侣在旁边。这对情侣就在直播间里一直无聊地等待新产品发售。在这个直播

① Wang R. Facebook 用户数直逼 20 亿大关. https://cn.engadget.com/2017/05/03/facebook-q1-2017，2017-05-04.

② 搜狐. Twitter 报告显示 前两季度月活跃用户数为 3.28 亿. https://www.sohu.com/a/161782889_629993，2017-08-02.

③ 蓝鲸财经. 腾讯财报：微信月活跃用户达 10.4 亿 同比增长 10.9%. http://finance.ifeng.com/a/20180516/16285475_0.shtml，2018-05-17.

过程中，大量观看直播的消费者通过发弹幕的形式展开与品牌的互动。到三小时即将结束的倒计时部分，画面中的这对情侣终于买到了售货机出售的新产品，然后他们就离开了。随后，在直播视频中出现了购买新产品的淘宝链接，消费者可以点击链接购买商品，直播活动也随之结束。这种直播给受众带来一种围观、见证事件发生的独特体验，再加上 Bilibili 网站的实时弹幕功能，更增强了该活动的共时性。

品牌广告创意、发布的周期变短，品牌可以针对当下发生的热点事件，结合品牌的特点和产品的特性，即时展开创意活动，并立即通过各种自有媒体发布广告，结合热点事件为品牌赢得关注。例如，著名的杜蕾斯雨夜鞋套事件，就是选择在 2011 年 6 月 23 日北京大雨袭城的新闻成为消费者关注焦点时所展开的微博营销活动。在杜蕾斯当时的微博营销活动中，一名年轻男子将杜蕾斯产品套在运动鞋上充当防雨鞋套的照片迅速引爆了互联网，结合当时微博中“北京暴雨”的热搜话题，杜蕾斯的品牌曝光率大大增加，引发了消费者的广泛关注。这种闪电般的广告构思和发布速度是传统媒体无法达到的。

（三）互动性

数字媒体的又一个重要特征就是其构建了信息传播者和信息接收者之间对话的渠道。传播过程不再是单向的信息传输，而是呈现出双向甚至是多元的对话形式。在数字媒体时代，基于计算机和网络技术的媒介新形态使传统意义上的受众角色能够方便地使用媒体进行反馈，展现自己的想法、观点。从品牌营销的角度而言，单向的传播只能是品牌持有者自说自话、一厢情愿地将品牌的定位、风格、价值观进行编码和传播，至于受众在传播的过程中能否有效接收到这些信息，以及受众接收到这些信息之后如何解码等问题，就成了非常难以把握的过程。而在对话和互动的语境下，消费者能够真正介入品牌形象构建的活动中，这种反馈、参与能够使品牌了解到消费者实际的想法，以及他们是否准确地感知、接受、认同品牌信息。消费者的参与以及与品牌的活跃互动是品牌营销活动能够取得良好效果的重要条件。在这样的背景下，大量的品牌传播互动在策划的阶段就选择了新的出发点和视角，品牌持有者往往会考虑如何激发双方的对话及如何将广大消费者引入品牌构建的活动中来。

2014 年，为了吸引更多的中国游客到英国观光旅游，英国国家旅游局策划了“英国等你来命名”活动。这一国家品牌形象的营销活动在 2015 年的戛纳创意节上大获全胜。这一活动制胜的关键之一就在于充分动员了各种互动渠道：活动的参与者可以通过社交媒体平台，为遍布在英国的 101 个风景名胜进行命名。活动的参与方式是多种多样的，活动参与者可以登录活动网站，了解关于这 101 个风景名胜的具体情况、历史渊源、趣闻轶事等。此后，参与者只要将自己对风景名胜的命名通过网站提交即可，对于这些命名的评价工作也主要由活动的参与者们来完成。活动的参与者可以在浏览这些命名之后进行投票，获取最多点赞数的命名者将会获得大奖。其中，最为响亮的命名将会被各类词典、地图收录，并被官方认可和采用。该活动采用了数字媒体多渠道策略：首先，活动组织者通过英国国家旅游局网站发布相关信息，主办方构建了活动同名网站，并在活动网站上发布了相关的全面信息；其次，活动主办方从中国互联网用户的媒介使用习惯出发，运用了微博、微信等社交媒体平台，通过英国国家旅游局的官方公众号，发布活动信息，累计触及了超过 3 亿名的潜在消费者；最后，活动主办方还通过多个视频平台发布关于该活动的视频，视频的累积浏览量超过 3 000 万。这一活动充分调动了中国消费者的参与积极性，通过命名的方式，也使中国消费者对远隔千山万水的英国有了更多的认知、了解和兴趣，从国家品牌形象推广的角度来看，这无疑是非常成功的。

第二节 品牌互动营销沟通目标的设定

成功的品牌营销沟通活动必须建立在科学、明确的目标设定的基础上。品牌运营者必须在准确把握目标消费者的基础上，结合品牌发展的具体情况，分析市场环境信息，针对品牌存在的问题，确立符合品牌发展阶段的营销沟通目标。这一目标同时也应当是可评估、可测量的。

一、目标消费者的把握与分析

对于任何一个品牌而言，在制定营销沟通计划之前，锁定目标消费群体是关键的步骤。成功的品牌互动营销沟通策略的构建必须建立在对消费者了解的基础之上，这种了解包括消费者究竟是谁，在哪里，他们有怎样的兴趣和偏好，具有怎样的媒体使用习惯等。基于数字技术的发展，对目标消费者的把握和分析也有了新的工具和路径。

（一）善用用户画像，把握目标消费者特征

用户画像（user profile），简单地说就是为品牌的用户打上标签。用户画像通过打标签的方式，能够描绘出用户的信息全貌。用户画像的意义在于，改善闭门造车式的品牌运营方式，帮助识别品牌目标用户群体，进一步把握用户需求，优化产品或服务，提升用户体验。与此同时，用户画像能够帮助品牌实现精准运营和沟通。用户画像与用户角色设定（persona）不同，用户角色设定是在对海量消费者数据获取和分析的基础上，由抽象到具象，创立几个品牌典型消费者的虚拟人物形象，帮助品牌在运营的过程中更好地理解消费者的目标及动机，以达到优化产品和服务的目的。用户画像当然也是通过为用户打上标签的形式进一步区分和圈定目标消费群体，具体而论，设立标签的目的在于进一步运用数据分析和数据挖掘技术，抽象出用户的信息全貌，为进一步精准、快速地分析用户行为习惯、消费习惯等重要信息提供足够的数据基础，便于开展计算机运算，通过算法或模型，更好地实现对消费者的解读[①]。

在用户画像创建的过程中，很重要的一点在于如何构建标签属性的类别，仅仅用传统的人口统计因素或社会因素在很多时候并不足以帮助品牌深入了解和把握目标用户的特征。因此，针对不同的领域和业务类型，需要具体地思考标签的类别模块。例如，对于电商平台而言，在为用户画像的过程中，可以考虑消费者购买的品类偏好、品牌偏好等，以对消费者的类别进行区分。在针对性地构建标签类别，并为品牌的消费者打上标签之后，可以进一步构建模型，

① 晓晓. 你确定你真的懂用户画像？http://www.woshipm.com/it/250043.html，2015-12-14.

运用各种算法，将数据进一步转化为运营策略，为不同的用户群体匹配不同的营销手段和媒介渠道。

（二）结合顾客生命周期，深化对目标消费者的认知

在对目标消费者分析的过程中，引入顾客生命周期理论有利于进一步细化对目标消费群体的认知，这是因为，并非整个目标消费群体都齐头并进地处于品牌关系的某一共同阶段，他们对信息和互动的需求是有所不同的。顾客生命周期理论认为对于企业而言，客户也有其生命周期。顾客生命周期是指从企业与客户建立业务联系开始到完全终止关系的全过程。顾客生命周期可以分为考察期、形成期、稳定期和退化期四个阶段。考察期是客户关系的孕育期，形成期是客户关系的快速发展阶段，稳定期是客户关系的成熟期和理想阶段，退化期是客户关系发生逆转的阶段①。针对不同类型的品牌和业务，顾客生命周期阶段进展也有所不同。有些品牌由于特殊的业务类型，当顾客进入生命周期的退化期时，这个阶段是不可逆转的。例如，消费者在子女的孕育阶段可能开始关注婴幼儿配方奶粉的品牌，在最初的考察期，消费者反复比较，从不同渠道、来源获取关于不同婴幼儿奶粉品牌的优缺点，接下来消费者可能成为某一品牌的稳定顾客，但当子女逐渐成长，消费者对于婴幼儿奶粉的需求逐渐降低，直至终结与品牌的关系。但对于汽车、珠宝、服装等类目的品牌而言，则不存在婴幼儿配方奶粉市场中必然发生的客户退化阶段，客户处于生命周期稳定期的时间有可能持续延长，客户与品牌的关系有可能被长期保持。

在品牌的整个目标受众群体中，具体到每一个个体，可能处在不同的顾客生命周期阶段中。在传统时代，品牌与目标消费者之间难以建立点对点的沟通，因而信息的传播方式和方向都不明确。品牌在信息传播的过程中只能尽力确保信息的覆盖面，但无法保证每一位处于顾客生命周期不同阶段的消费者能够获取针对性的信息。在数字媒体时代，尤其是随着大数据技术的快速发展，品牌有能力拥有大规模消费者信息数据库，并能够与消费者建立一对一的关系。这样，在数字传播时代，通过顾客生命周期理论对品牌消费者进行分析，确认消费者所处的顾

① 陈明亮. 客户生命周期模式研究. 浙江大学学报（人文社会科学版），2002，32（6）：66-72.

客生命周期阶段，不仅能够帮助企业更好地理解消费者，还能帮助品牌构建合理的精准信息传播策略与互动方式。

二、确定品牌营销目标

品牌营销目标是指根据企业的经营方向和品牌定位战略所制定的具体营销指标，这些指标可以被细化为财务指标、销售目标、市场占有率、品牌的知名度、美誉度、忠诚度等多重细化指标。在数字时代，有学者认为网络营销的目标也应当是多重的，包含五个方面，即销售、服务、交谈、节约、刺激。其中，交谈是指与消费者之间建立持续的沟通和对话关系。节约是指运用网络营销手段，节约交易成本。刺激是指进行在线品牌拓展活动，通过各种新媒体的运用增强品牌价值，依托互联网建立品牌意识、品牌识别和品牌参与。有学者认为，对企业发展而言，销售是短期目标，而品牌的拓展应当是长期目标。当下，在新媒体环境下，很多研究者也提出在品牌营销目标的设定方面，不应该将追求销售效果的营销传播行为与以品牌构建为目标的营销传播行为断然分开。总体而言，在品牌营销目标的构建过程中，应当遵循一定的原则，促使品牌营销目标的构建更为科学和高效。

（一）“品销合一”的新理念

事实上，无论是传统媒体广告还是新媒体广告，任何一支广告都在发挥提升品牌形象以及促进销售的双重效果。例如，即使是“纯”品牌形象广告，如果打动了目标消费者，也会在转化为销量方面有所贡献。相应地，诉诸产品功效，着力于提升短期销售的广告如果有足够的说服力，也能起到强化品牌形象的效果。

品牌营销传播是一个复杂的工程，最终达成的品牌形象是一个整体。从品牌发展的角度出发，任何营销、广告行为都应当从品牌定位出发，成为品牌构建长远目标过程中的积极力量。从这个意义上说，追求销售效果的产品、促销广告、其他的促销手段也应当反映品牌主张、价值、风格和调性。或者说，以销量为目的的营销传播行为不应当跟以品牌建构为目的的营销传播行为割裂开来。换言之，品牌价值和品牌主张应当出现在品牌与消费者的每一个接触点上。

汉堡王在巴西的门店曾经策划过一个营销活动，在品牌门店点餐的吧台处设置了一个摄像头。当消费者在这家巴西汉堡王门店中点餐时，会被摄像头拍摄面部照片，这张面部照片会被打印在汉堡的包装纸上。汉堡王餐厅所提供的汉堡是可以由消费者挑选配料的，如多加黄瓜，减少番茄，要辣椒酱等，这意味着每一位消费者获得的都是根据个人口味定制的汉堡。消费者所点个人定制汉堡制作好之后，店员会用印刷有这名消费者面部照片的包装纸将汉堡包好，这样，不仅汉堡包的口味是专属的，连包装上也被打上了个性化的烙印。在这个活动中，几乎每一位消费者看到印有自己头像的专属汉堡时，都惊喜极了。由此，消费者获得了关于品牌的有趣体验，他们当中有很多人都将这些汉堡拍照，发送到社交媒体平台上，引发了大量的媒体关注，也吸引了更多好奇的消费者前来体验，直接带来了销量的攀升。汉堡王的案例是一个典型的“品销合一”的营销行为，通过新奇的体验，提升了消费者对品牌的认知度和美誉度，也进一步赢得了销量的提高。从这个意义上说，有时品牌营销的设定可以是综合性的，兼顾短期目标和长远目标。关键是，短期目标和长远目标要统一于品牌价值，落实于每一个细微的品牌接触点。

（二）品牌营销目标设定应遵循 SMART 原则

当下，SMART 原则被认为能够帮助品牌管理者有效实施目标管理，该原则包含五个指标，分别是：①具体化（specific）。具体化是指目标的制定应当有现实的问题指向性，而非泛泛而论。②可测量的（measurable）。为了建立评估和测评的标准，目标的设定应当具有定量的或定性的特质。③可执行（actionable）。可执行是指目标的确定要能够进一步细化为品牌运营团队的具体行动。④相关性（relevant）。相关性是指目标的设定要与品牌运营者们所感受到的品牌发展中的问题相关联，并能够在一定程度上为他们提供解决问题的方案。⑤有时间表的（time-bound）。目标的设定应当有明确的时间区间。在目标制定的过程中遵循 SMART 原则能够使目标制定更为科学、规范，便于考核。

例如，韩国超市品牌 E-Mart 的阴影二维码促销案例，E-Mart 品牌通过对营销实际数据的分析，发现在一天中，超市销量最低的时段是正午时分。这个问题的原因也很清晰，因为正午时分通常是人们午餐或午休的时间段。于是 E-Mart 确定了在一定时间内提升超市正午时分销量的目标。这是一个具体的目标，问题点非常鲜明，基于此，策略制定有了明确的切入点。目标最后是否达成也是很好测量的，只要通过具体时间段销售数字的统计即可判断。E-Mart 在目标制定中也有明确的时间节点要求，E-Mart 为了实现此目标，设计了一个要在正午阳光下才能被扫描成功的阴影二维码，消费者在此时扫码，能够获得特殊时段的优惠券。他们也不必亲自到店，只要动动手指，就能完成网络购物，最后货品会在下班时段送到家中。短期内，E-Mart 正午时段的销量大大提升，消费者也获得了新奇而方便的购物体验，这极大地提升了品牌满意度。

总而言之，在数字品牌营销的目标设定环节中，企业不必过分拘泥于短期销售目标和长远品牌构建的差异，应当看到不同类型目标的共性；虽然品牌的类型不同，所处的发展阶段不同，在目标制定方面也千差万别，但是，遵循具体化、可测量的、可执行、相关性等原则，有利于企业制定符合品牌发展具体情况的合理目标。

第三节　数字媒体的科学选择与组合

在当今复杂的媒介环境下，品牌运营者在媒介渠道方面有着丰富的选择，究竟应当选择哪些具体的渠道资源进行组合，才能实现更为优化的传播效果？这是一个相当复杂的问题。总体而言，正确的媒体策略需要基于品牌运营者对各种数字媒体的深入研究和分析，还需要针对具体的品牌活动筛选高效的媒体，并将多种渠道整合于品牌的宗旨与调性，实现精准的品牌传播。

一、对各种数字媒体的深入研究与分析

在考虑品牌营销传播的媒体战略之前，对品牌特色、目标消费者特性、渠道特性等因素进行分析，这是最基本的要求。但是，对于各种新媒体的研究和分析不能仅仅流于表面，一般性地了解各种媒体渠道的特点，结合营销传播的目标任务、消费者的特点进行简单匹配，而是需要更为深入地分析在品牌营销传播中的每一个特殊语境，有针对性地考虑对媒体的正确选择。这要求品牌运营者必须深入考虑不同地域、文化背景下的消费者的媒介使用习惯和对不同媒介的认知，考虑哪些因素会促进或阻碍媒介效用的发挥等。

（一）结合地域、文化背景研判媒介渠道的价值

在现实传播过程中，地域、文化、习惯因素对媒介作用的发挥具有很大的影响。对媒介渠道的合理应用需要建立在对不同国家、地区文化和习惯有深入了解和分析的基础上。例如，风靡全球的房屋租赁网站爱彼迎在互联网经济和分享经济的浪潮下，有着大量的拥护者。很多年轻人选择在旅游的过程中，通过爱彼迎短期租住旅游所在地的民宿，以求更深入体验当地风土人情。然而，爱彼迎在中国的发展却遇到了一些问题，其中非常关键的一点在于爱彼迎惯用的沟通渠道和方式与中国的消费者的沟通习惯不能适配。在海外，爱彼迎通常选用电子邮件的方式实现与消费者的沟通，但是，对中国消费者而言，电子邮件通常应用于更为正式的场合，通常是工作语境下。很多消费者可能会时时刻刻微信、QQ 在线，但很少使用电子邮箱，很多消费者甚至根本没有电子邮箱。另外，中国消费者更习惯于通过即时通信手段提出各种问题，并期盼在第一时间得到答复。因此，淘宝等电商平台都开发了平台专属的即时沟通软件，很多服务型网站即使没有专属的即时沟通软件，也会借助 QQ、微信等保持与消费者之间畅通的联系。相比之下，在爱彼迎网站上，如果消费者对一套房源有疑问，虽然可以联系房东，但沟通方式较为单一，消费者需要在网站上给房东留言，等待回复。消费者不能与另一端的真实房主直接联系，因而，也不可能得到快速回复。令人感到遗憾的是，很多中国用户将爱彼迎在沟通方面的滞后性与“假房源”甚至更多的诚信问题联

系在了一起。而包括途家网、蚂蚁短租在内的很多中国短租网站，与爱彼迎的做法有所不同，这些国内短租平台在每一个房源后面都留有房东的电话号码，因此用户可以与房主直接沟通①。

众所周知，电子邮件是在互联网发展的过程中产生的一种方便、普及的沟通方式，也在品牌营销的过程中被普遍采纳，但是，究竟是否选择此种沟通方式，仍需要在具体的营销语境下进行分析。不独电子邮件如此，在数字品牌营销的媒介选择过程中，任何一种媒介的选择都需要结合具体的营销环境做考虑，凭主观推断和经验主义是大忌。

（二）深入考察各种促进和阻碍媒介功能发挥的因素

在新媒体时代，媒介的功能进一步多元化。例如，很多媒介平台都具有消费者互动和参与的通道，为了实现最佳的营销沟通效果，很多品牌在营销推广的过程中也都设计了沟通互动的环节。但是，这些沟通互动的环节有时并不能真正有效实现。例如，很多品牌都会运用视频网站或社交媒体平台，邀请消费者参与设计产品，或拍摄与品牌有关图片、视频，参与到活动中来。总体来说，参与互动的门槛太高（大多数消费者没有进行产品设计的能力），或互动环节太过复杂（扫描二维码后需要下载新程序、注册然后才能参与活动等），或互动难度太大（如需要拍摄剪辑视频上传）等，都阻碍了消费者参与互动，这也使很多品牌营销活动构想的互动和消费者参与环节形同虚设，进而导致二次传播的功能根本就难以发挥出来。因此，当品牌运营者考虑媒介渠道的选择，并需要将参与、互动等消费者主导的环节纳入整体营销传播计划时，必须充分考虑这些阻碍因素，才能取得理想的效果。

例如，在2017年刷屏朋友圈的腾讯公益一元购画活动，这个活动的核心环节就是互动，只有广大消费者积极参与这一活动，公益的目标才能更好地实现。这个活动主要应用的平台是微信这一社交媒体，在活动中，只需花一元购画，来自自闭症患者的画作就能够被该名消费者保存作为手机屏保。也就是说，消

---

① 36氪. 在全球势不可挡的 Airbnb 为何在中国火不起来？http://tech.163.com/16/0712/07/BROOUV5D00097U7V.html，2016-07-12.

费者参与这一活动的门槛极低，只需要付出微不足道的金钱和时间成本，即可为公益事业做出贡献，帮助有需要的人群，这种设计极大地激发了消费者参与和转发的热情。从这一案例我们能够发现，从消费者的体验出发，考虑每一环节的设计是否科学、合理，能否通过运营者所设计的渠道成功地运行，都是需要认真研究的课题。

相比之下，同样是号召消费者在互联网平台上上传视频，全球最为著名的运动摄像机品牌 GoPro 就成功地打造了 YouTube 网站上最受欢迎的频道。Gopro 在品牌营销传播的过程中，主要应用的媒介渠道就是 YouTube 这一具有社交属性的视频平台,GoPro 品牌的粉丝们可以将他们拍摄的精彩视频上传到 YouTube 上去。选择 YouTube 作为主要的媒介渠道是符合品牌特性的。众所周知，GoPro 品牌的粉丝群体主要是摄影爱好者，对他们而言，拍摄视频、制作视频是家常便饭。与此同时，这些视频的质量也是有保障的。作为运动摄像机，GoPro 设备通常都在各种运动或惊险的场景中被运用，拍下的各种画面往往惊心动魄、扣人心弦，对于广大受众而言是非常具有内容吸引力的。由于这些高质量的内容，GoPro 的 YouTube 频道上常年汇聚着数百万的粉丝。通过用户生产内容打造成功的品牌营销，GoPro 通过吸纳极限体育迷以及摄影爱好者加入品牌传播实现了这一目标。在媒介组合策略中，GoPro 应用具有广泛影响力的视频网站 YouTube，结合品牌官网，实现了良好的营销传播效果。

由此，不难看出，正是由于新媒体渠道个性化、多样化、互动化的特征，更要求品牌运营者深入结合品牌个性、消费者特性、营销环境等诸多因素综合分析，以求打造最为合理的定制化媒介组合策略。

二、构建合理的数字媒体营销工具组合

对于品牌运营者而言，构建合理的数字媒体营销工具组合需要把握一些基本原则。第一，在数字媒体时代，传统媒体并没有完全退出历史舞台。无论是电视、广播还是印刷、户外媒体，都有其传播效果方面的独特性。因此，数字媒体与传统媒体的有机组合是非常普遍的媒介组合原则。第二，合理的数字媒体营销工具组合是针对具体的案例而言的，针对具体的环境、具体的问题、具体的目标来制

定媒介组合策略是必须遵循的原则。第三，在新媒体环境下，通过有效的媒体组合策略来充分激发消费者的参与和互动是根本出发点。第四，为了降低成本、深入展现品牌宗旨与具体的营销传播目标，对自有媒体的充分运用是必须考虑的环节。其中，品牌自有的社交媒体账号也是引发消费者互动行为的重要平台。

（一）传统媒体与数字媒体结合，构建更为丰富的信息传播体系

在数字媒体时代，并不意味着传统媒体失去了其传播价值。电视、户外媒体等多种传统媒体在覆盖面、影响力方面依然有其不可取代之处。对于品牌营销传播而言，将数字媒体和传统媒体有机结合起来，会创造更为丰富的传播效果。例如，在很多品牌的推广活动中，都运用了多屏互动的方式，消费者利用智能手机，扫描电视屏幕上的二维码，或者通过 AR 技术的运用，捕捉电视屏幕上的图像，这些手段的综合运用都使品牌推广活动变得更为有趣。

在莫斯科的耐克品牌女性运动产品的推广中，运营者成功将传统的户外广告与 Instagram 这一社交平台上的品牌活动结合起来，取得了联动，使更多消费者不仅在社交媒体上接触到了耐克的品牌推广活动，也让更多的消费者线下在户外广告前拍照上传社交网络，参与品牌互动。首先，耐克在俄罗斯流行的以图片内容为主的社交媒体网站 Instagram 上发起了倡导女性参与健身的活动，号召女性用户上传自己健身的照片。活动运营者秘密地从众多照片中挑选了其中的一部分印刷成巨幅海报，张贴在莫斯科街头。海报制作张贴完毕后，活动运营方私下里邀请海报中主角的朋友们，让她们来到这些特殊的户外广告（以自己的朋友为主角的广告）前，并拍下自己与这些海报的合影。然后，活动运营方把这些合影通过社交媒体平台发布出来，并@回最初上传照片的健身女性。这一番操作的结果当然不出意外，每一位出现在海报里的女孩看到自己的照片被制成海报都感到异常惊喜，她们不但继续在线上转发这些海报照片，而且也都纷纷来到街头海报前拍照，上传网络。这种互动进一步激发了越来越多的女性消费者以各种方式参与这次活动，也有更多的女孩受到感召，加入健身和运动的行列。此次活动的路径首先从社交媒体平台开始，接着创造性地使用了户外广告的形式，随后又回到社交媒体。新媒体和传统的户外广告的结合实现了令人惊喜的传播效果，也使目标

消费群体更进一步建立和强化了对耐克品牌的认知。这一案例充分证明了传统媒体和数字媒体的传播效果可以相互强化，这也提示我们应该在数字品牌营销的过程中充分考虑将二者进行合理组合应用。

（二）针对性原则

数字媒体时代，品牌营销传播活动能够利用的传播渠道非常丰富，有针对性地结合品牌传播目标和消费者特征来选取传播渠道进行组合是非常关键的原则。

例如，在蒙牛特仑苏牛奶与知乎网站合作进行品牌推广的案例中，由于品牌活动的目标在于展现特仑苏品牌与自然科学知识之间的特殊联系，品牌推广的媒介平台就选择了一个具有社交功能的知识问答型网站——知乎。特仑苏挖掘了知乎网站中 54 个兼具科学性和趣味性的自然科学知识答案，结合品牌诉求，打造了原生广告，投放在知乎网站上。这些高水平的自然科学知识问答吸引了大量的知乎用户，使他们在了解品牌信息的同时，也成了“种子用户”或者叫作信息传播过程中的“意见领袖”。这部分“种子用户”进一步将原生广告的内容通过各种社交媒体平台扩散到全网。在这个案例中，特仑苏品牌还采用了二维码营销的手段，他们将这 54 个自然科学知识相关的问题以及二维码印制在特仑苏牛奶纸盒上，消费者可以通过扫描二维码进入相关链接，获取问题的答案，满足自己好奇心的同时也进一步了解了特仑苏的品牌推广活动。在积累了一定的品牌资产以及品牌“种子用户”之后，特仑苏品牌的官方账号也进入了知乎，进一步持续不断地动员知乎用户，开展用户与品牌之间针对自然科学知识的交流和沟通。这一活动在媒介的选择方面，体现了鲜明的针对性。活动运营者深刻把握了知乎作为一个具有社交功能的知识问答型平台的特点来开展品牌营销活动，对于打造特仑苏品牌与自然科学知识之间联系这一目的而言，是非常具有启发意义的。

（三）以激发互动为原则，尝试各种新技术

在品牌营销传播的媒体选择与组合方面，能够激发消费者互动的欲望，引发真正的对话和参与，是新媒体时代成功品牌营销的重要目标。但在品牌普遍重视互动环节设计的今天，真正能够触动消费者的并不多。日本运动品牌爱世克斯

（Asics）创新性地运用了 RFID（radio frequency identification devices，无线射频识别）技术，激发了消费者的互动热情。在历史悠久的纽约马拉松比赛中，爱世克斯发起了“支持你的马拉松英雄”活动，呼吁消费者为马拉松参赛者们加油，具体的加油方式是请消费者录制影片、上传照片、撰写祝福的话，并上传到网络。但是，这种录制影片、上传照片参与活动的互动方式对于消费者而言，早已屡见不鲜，很多消费者并不买账。然而，爱世克斯通过应用 RFID 技术，将每一个专属 RFID 标签绑在运动员的鞋带上，并在大屏幕附近设有 RFID 接收器，这种设置是使每一位参赛者能够在屏幕附近被识别，这样，当他们跑过路边大屏幕的时候，鞋带上的 RFID 标签被识别后，屏幕上就开始播放针对这位参赛者的祝福，每一位跑过大屏幕的马拉松选手都能够看到来自自己亲友的专属祝福，很多亲友团在视频中喊着运动员的名字为他们加油，非常鼓舞士气。而且，爱世克斯设置了两种参与方式，亲友团既可以在马拉松比赛之前提前录制好视频，拍照并撰写感人的文字，为自己心中的马拉松英雄加油。也可以在品牌现场设置的工作区域，参与现场录制，然后，这些视频和照片会在正确的时间被精准传达给正确的人。同时，未能到现场的消费者可以通过 RFID 接收器，追踪参赛的朋友已经跑到哪了，以便随时在社交网络上更新、谈论比赛，实现活动的二次传播。基于对 RFID 技术的创新应用，爱世克斯这次活动共收到来自 17 个国家、送给超过 7 000 位英雄的祝福信息。通过应用貌似“传统”的互动手段和 RFID 新技术，爱世克斯为消费者打造了专属的互动体验，使消费者积极踊跃地参与其中，获得了良好的营销和推广效果。

（四）充分利用自有媒体

在自有媒体上，品牌运营者有着充足的版面和空间，能够自由展现品牌的价值、理念、故事、调性，因而充分利用自有媒体对于品牌营销传播活动而言是非常重要的；另外，自媒体在媒介渠道的使用方面的成本近乎为零，因而也非常经济，有利于降低营销传播成本。

成功的数字品牌营销传播离不开对自有媒体的精心运作。结合官方网站、品牌社交媒体账号、品牌论坛等平台，品牌能够有效地实现信息的传播、与消费者有效的沟通和对话、危机的处理和形象的修复等工作。以乐高为例，除了玩具业务之外，乐高还打造了其内容产业链，乐高有一系列的电影和视频作品，基于此，乐高在YouTube 建立了自己的内容频道，用以发布乐高品牌相关视频。乐高频道是YouTube 视频网站上最受欢迎的频道之一，拥有500万关注者。乐高最重要的产品创新方式之一就是将消费者纳入产品创新机制中来，为消费者设计了方便的参与途径，他们在官方网站上设置了活动专区，让消费者上传他们对乐高产品的创意想法，并基于这些创意的受欢迎程度（投票数）以及商业价值，将这些创意付诸实施，消费者接下来可以在网站上直接选购这些商品。充分利用自有媒体，是乐高营销策略中非常关键的环节，也是在品牌营销推广中具有普遍意义的环节。

对于不同的品牌而言，在各种具体的情境下，构建合理的数字媒体营销工具组合并没有“包治百病”的“药方”，不过，在数字媒体迅速发展的背景下，从品牌营销的具体目标出发，把握新媒体的特征，遵循媒介组合的基本原则，灵活应对各种具体情况，创新性地运用各类媒体和新技术，就能够实现既定的品牌构建目标。

三、整合营销传播计划的确立

20 世纪 80 年代，早在学界提出整合营销传播概念之前，基于企业之间的营销传播竞争越来越激烈，媒介环境日益复杂，单一传播方式的营销传播行为难以被消费者“听到”，一些广告公司提出了将广告、公关、促销等手段打包起来，为客户提供“一站式”服务的思路。例如，扬·罗必凯广告公司提出了“全蛋”方案，奥美广告公司提出了“交响乐”计划等。1993 年，美国西北大学教授唐·舒尔茨首次提出了整合营销传播的概念，他认为：整合营销传播是把各种传播方式（如广告、与客户的直接沟通、促销、公关、品牌等）作为企业信息传达渠道，以直接影响消费者的购买行为为目标，从消费者出发，运用多种手段进行传播的过程[①]。此后，整合营销传播长期以来一直是业界和学界共同关注的热门话题。总的来说，整合营销传播和核心内涵包括以下方面：①整合营销传播要以消费者为导向；②整合营销传播寻求多种传播手段的一体化和系统

① 李晓英. 大数据时代互动式整合传播营销体系的建构. 当代传播，2015，(4)：80-82.

优势；③整合营销传播注重战略管理，强调长期效果。在数字营销传播时代，整合营销传播遇到的挑战更为严峻。

（一）新媒体时代整合营销传播面临的挑战

在新媒体时代，整合营销传播面临着巨大的挑战，媒介环境变得空前复杂、多元，相应地，消费者的注意力被切割得支离破碎。据调查，微信在 2017 年拥有超过 300 万个公众号，大量微信用户关注的公众号为 10~50 个。各种新闻类、娱乐类、购物类应用层出不穷，传播渠道之丰富令人惊叹。造成了整合营销传播策略需要面临更为复杂的局面，一方面是如何在信息爆炸、消费者注意力分散的时代背景下营造更好的传播效果，另一方面，如何整合更为复杂的营销传播渠道成为运营者面临的新问题。随着自媒体的发展，UGC 由消费者控制，这也导致企业需要应对比传统媒体时代更多的不可控因素和更大的风险。在传统媒体时代，无论是在大众传媒上发布广告，还是召开新闻发布会开展公共关系活动，对内容的控制权都主要掌握在企业手中。但在新媒体时代，消费者可以通过投票赞同或反对、参与品牌相关讨论、撰写评论或品牌相关文章、拍摄图片、拍摄视频等方式表达自己的意见，并对其他消费者造成影响。企业对这部分内容是很难掌控的，因此，用“一个声音”说话的难度增大。

（二）新媒体时代整合营销传播计划构建的关键点

从某种意义上说，挑战也意味着机遇，媒介渠道的丰富也给整合营销传播活动的开展带来了更多新颖的选择。消费者获得媒介渠道虽然使企业面临更多的不可控因素，但是也使消费者真正获得了参与的渠道，消费者能够与企业展开积极的互动，消费者也可以成为品牌传播的力量。因此，如果真正做到了以消费者为导向，在整合营销传播的整体战略中引入来自消费者的力量，使消费者真正参与到品牌的营销传播活动中来，那么，整合营销传播的效果也会得到优化。在新媒体时代整合营销传播计划构建的关键点有三个方面。

第一，做到深入的消费者洞察，构建与消费者能够发生共鸣和共振的品牌价值，使消费者也能与品牌一起发声，这是上升到品牌发展哲学层面的思考。乐高的总裁曾说过，每当他与陌生人第一次见面，告诉对方自己在乐高公司工作时，迎接他的都是一张大大的笑脸，每个人都迫不及待地向他讲述自己与乐高之间的故事。2015 年，乐高成为全球最具价值的品牌，这是因为品牌贯彻了“一切从消费者的需求出发”的原则，乐高的 25 条产品线覆盖了所有年龄层的乐高爱好者，同时也将品牌粉丝纳入品牌的运营的发展过程中，使粉丝成为真正的同盟者。

第二，综合应用各种创新渠道，全方位整合信息资源，传递同一个声音。在新媒体时代，媒介资源极大丰富，这使整合营销传播活动可以充分考虑不同媒体的效果，构建整合营销传播的丰富层次，给消费者带来更为深刻的、全方位的品牌印象。2014 年，可口可乐在中国推出歌词瓶。这是继成功推出昵称瓶之后可口可乐的又一个营销创意。针对可口可乐的目标消费者，可口可乐瓶身上的歌词经过了精心的挑选，这些歌词大多来自大众明星们脍炙人口的单曲，从周杰伦到五月天，从世界杯主题曲到毕业季应景歌，从励志和伤怀到爱情和友情，考虑到不同年龄、不同性别、不同背景、处于不同阶段的人的喜好，虽然应用场景不同，但共同点都是非常具有正能量，感情充沛，充满青春活力。在推广活动中，可口可乐首先对意见领袖进行定制化产品投放，这些意见领袖既包括歌手，也包括商界著名人物。例如，潘石屹就在微博上晒出一个歌词瓶并@任志强。通过定制化产品的先期投放，引发关键意见领袖（key opinion leader，KOL）在社交媒体平台上发声，为歌词瓶预热，明星效应引发了粉丝在社交媒体上的热烈讨论和跟进。可口可乐的官方微博在此阶段持续地发布跟歌词瓶相关的内容，如让粉丝说出自己最喜欢的歌手的一句歌词，根据文字描述猜歌曲等。2014 年 5 月 19 日，可口可乐官微发布一组图片，宣布歌词瓶正式上市。在微博端，转发微博加上 # 可口可乐歌词瓶 # 标签并@一下自己的朋友，就有机会获得一个专属定制瓶。可口可乐还打造了“最打动你的歌词”这一话题，引发了品牌粉丝们的讨论，他们自发地参与这一活动，描述并分享曾经最打动自己的歌词以及与此相关的难忘经历。这一波活动充分调动了消费者的能动性，成功引发了病毒营销。在微信端，消费者则可以通过扫描可口可乐瓶子上的专属二维码进入微信页面听歌，在听歌的同时，还能看到一段根据歌词创作的 Flash。在可口可乐歌词瓶的营销战役中，可口可乐创新性地应用名人、企业官方、消费者的社交媒体等策划活动，引发了目标消费者的共鸣，又凸显了品牌鲜明的调性，展现了新媒体环境下整合营销传播的力量。

在运动品牌阿迪达斯近年来的营销活动中，也充分整合了传统媒体和新媒体的各种接触点，取得了“病毒”式的传播效果。2017 年，当阿迪达斯在中国推出最新的运动型格（Adidas Athletics）系列第一款单品白色帽衫（Z.N.E. Hoodie）时，首先利用了上海最为繁华的淮海路街区的巨幅户外广告，全球著名运动员身着这款帽衫的巨幅海报呈现在楼体和户外显示屏上。与此同时，阿迪达斯品牌还使用了创意人型广告牌，身着该款帽衫的小白人分布在上海街道上，充分吸引了消费者的注意力。这也引发了消费者与人型广告牌合影并在社交媒体上进行传播的热潮。经过这一阶段预热，阿迪达斯又策划了小白人“失踪”的活动，通过社交媒体引发消费者的关注和参与，寻找“失踪”的小白人。在消费者的热情被充分调动之后，阿迪达斯通过全球官方社交媒体账号（如 Instagram，Twitter，Facebook 和微博等）发布了以多名著名运动员为主角拍摄的为主题“专注”的视频，结合全球数千名运动员本人利用自己的社交媒体账号发布的身着新品帽衫的黑白照片，以及关于自己“专注”的故事，#FIND FOCUS#和#我是专注#的专题讨论成为品牌传播的热点话题。结合户外媒体、品牌官方网站、品牌社交媒体账号，以及路人和粉丝的社交媒体资源，各种线上线下媒体统一于品牌的调性与风格，也传达出运动型格系列第一款产品屏蔽噪声、减少视觉干扰和保障舒适度的设计思路，以及帮助运动员保持专注的状态的营销思路。

在新媒体时代，整合营销传播必须面临更为复杂的接触点管理。尽管接触点更为复杂、零散，但每一个可能接触点必须统一于品牌价值，统一于品牌的风格、调性，统一于整合营销传播的既定目标。

延伸阅读

爱彼迎综合运用各种新媒体渠道开展整合营销传播

近几年来，随着互联网的迅速发展，共享经济在世界范围内流行起来，并对人们的生活产生了较为深远的影响。其中，爱彼迎是共享经济的典型代表，它是一个以网络为平台的旅行房屋租赁社区，于2008年成立，其运营的核心理念是对闲置房屋资源的再利用和再创造，打破了房东与用户之间的沟通障碍，使双方在交易过程中实现了信息的有效传达，用户也可通过网络或手机上的APP来发布、搜索度假房屋租赁信息并完成在线出租、预定程序。

随着社会化媒体的不断发展，爱彼迎开始依托社交媒体来扩大宣传规模，增强这一品牌的影响范围。值得注意的是，爱彼迎是一个专注于制造体验式营销的APP，因此爱彼迎的一切产品都是以房子为核心，从而不断尝试与所有与房子相关的事物发生关系，并以此来扩大传播，获得更广阔的消费人群与潜在客户。例如，爱彼迎和《一人食》美食节目共同发起“去过，更住过”的跨界合作。在这一广告宣传中，爱彼迎通过《一人食》征集热爱美食的旅行者前往同样爱好美食的房东家，并通过一起做菜，来体验当地原汁原味的生活。通过这一广告，人们了解到，通过对爱彼迎的使用，用户可以在全球范围内探索独一无二的美食文化，从而能更好地推出爱彼迎的租房产品，增强用户间的联系，打造旅行新体验。

而在互联网迅速发展的现代社会中，多样化的社会化媒体不断出现，Facebook、Twitter、微信、微博等社交软件日渐融入了人们的生活。为了加强品牌与客户、客户与客户之间的联系，爱彼迎在工作类型、兴趣爱好等板块上将出租者与租户进行了分类，在原本毫无联系的用户间建立了某种社会联系。同时，出租者在爱彼迎上注册发布房源信息时，也需关联自己的社交账号信息，因此租户在爱彼迎网页或APP上浏览时，也可查看房主的社交信息，加强了用户间的信息交流。爱彼迎通过与Facebook、Twitter等用户量极大的社交软件进行关联，扩大了爱彼迎的传播范围，增加了爱彼迎的潜在消费群体。

而利用Facebook、Twitter、微博等软件上的热点来制造话题、推广产品是广告中常用的手法。爱彼迎曾在奥斯卡颁奖礼后立马还原了获奖作品里的住所，在微博上发起了“住进电影里”的话题，让用户能够体验一把主角待遇。同时这些广告在朋友圈内广为流传，吸引了大量的消费者。这一宣传活动在一定程度上满足了用户追求热点与经典的心理，能让参与者产生共鸣。

“名人效应”也吸引了不少群体尝试爱彼迎，权志龙、井柏然等明星的参与增加了爱彼迎的知名度，为爱彼迎的用户积累拓宽了范围。除此之外，爱彼迎也把握了额外折扣对消费者的吸引力。每个新注册的用户都能通过邮件邀请获得爱彼迎提供的奖金。而在每次完成住店后，用户如果能在 Facebook 上晒出自己的爱彼迎体验，便能同样获得奖励。并且，爱彼迎通过给推广者和被推介人站内的旅行积分，来鼓励用户将爱彼迎推介给周围的亲人、朋友、同事，而奖励则会在被邀请人完成第一次预订后发放到双方的账户中。爱彼迎也将邮箱、微信等社交软件导入通讯录，来增长每个推介人发出的邀请数。这一功能被置于较显眼的位置，增加了活跃用户中发出邀请的比例及转化率。这一营销策略旨在扩大消费群体，通过消费群体内部的宣传，来形成扩散效应。用户也可通过网站来进行评论，从而实现了企业与用户间的双向互动。

http://socialbeta.com/t/case-airbnb-live-in-the-movie-2017-03

https://www.sohu.com/a/105753046_117211

第七章　大数据与数字品牌构建

随着人类社会进入信息社会，数据和信息在诸多方面都发挥着越来越重要的作用。气象部门运用数据进行天气情况的分析和预测，疾病防控部门运用数据进行流行病发病趋势的分析，交通部门运用大数据分析交通路况……这样的例子不胜枚举。在数据应用的过程中，计算机技术的发展是一个决定性的环节。计算机技术的发展程度不仅影响到数据采集和存储的量，同时也决定了数据处理和分析的能力和速度。随着计算机科学在近年来的高速发展，在短时间内抓取、储存并处理和分析海量数据成为可能。大数据技术同样被应用在品牌发展过程中，在大数据时代，科学的品牌构建决策不再仅仅基于主观的判断，因为通过对海量数据的科学分析能够为品牌构建提供有力的佐证。在大数据时代，品牌构建的理念必须发生根本的转变。

第一节　信息技术革命与大数据时代

2011 年，麦肯锡咨询公司发布了名为《大数据，创新、竞争和提高生产率的下一个新领域》的研究报告，在该报告中，麦肯锡提出了“大数据时代已经到来”这一观点，并指出数据已经渗透到每一个行业和业务职能领域，逐渐成为重要的生产要素；而人们对于海量数据的运用将预示着新一波生产率增长和消费者盈余浪潮的到来[①]。这一论断明确指出了信息技术革命给全社会带来重大影响，同时也揭示了海量数据的应用应当被给予充分重视的新动向。

一、互联网时代的信息技术革命

大数据这一概念最早出现在 1998 年的《科学》杂志上，2008 年，《自然》杂志出版了“大数据专刊”，此后，大数据技术出现了爆发式的发展[②]。时至今日，大数据仍然是热门的概念和技术。大数据技术依托于信息存储方式的变革，也依赖于计算机处理技术的飞速发展。据计算，信息储存量的增长是经济增速的 4 倍，而计算机处理数字信息的能力比经济增速快 9 倍[③]。从某种意义上说，大数据技术是互联网时代又一次重大的技术突破，大数据技术的发展和运用给很多行业带来变革。总体而言，大数据有三个鲜明的特征，即多样性（variety）、规模性（volume）、高速性（velocity）。

（一）数据的多样性

计算机数据处理技术的发展是大数据呈现多样性特征的重要基础。当人类拥有了高速计算机并掌握了各种数据分析和处理技术之后，对种类繁多的数据收集才具有意义。

在大数据的语境下，数据的多样性主要指两个方面：一方面是数据类型的多样性；另一方面是数据来源的多样性。数据类型的多样性是指大数据既包括存储在数据库中，可以用二维表结构来逻辑表达实现的数据，如企业的销售数字、流通数字、库存数字，各种财务报表等数据，也包括大量的非结构化数据，这部分非结构化数据不方便用数据库二维逻辑表来表现，但数量巨大，包含文档、图片、音频、视频、传感器信息、社交媒体网站上随时生成的各种内容等，而且这些数据的来源都非常广泛。如今，不仅电子商务网站、门户网站、社交媒体随时会生成大量的信息，医院、政府部门、交通部门、金融行业、物流行业等各行各业每

① 程明，张常国. 品牌归于管理——新时代的战略品牌观与品牌运作法则. 北京：人民出版社，2015：195.

② 张晓强，杨君游，曾国屏. 大数据方法：科学方法的变革和哲学思考. 哲学动态，2014，（8）：83–91.

③ 迈尔–舍恩伯格 V，库克耶 K. 大数据时代：生活、工作与思维的大变革. 盛杨燕，周涛译. 杭州：浙江人民出版社，2013：13.

天也在生成大量的各种类型的数据。再加上很多部门和行业当下已经形成了数据共享的网络，这些都导致大数据呈现出非常鲜明的多样性特征。

（二）数据的规模性

数据的规模性描摹的是大数据之“大”。大数据的数据规模之巨大，依赖于信息传输技术以及信息存储技术的发展。数字存储技术的发展使人类社会存储信息的量发生了巨大的增长，这种增长是非常惊人的。仅以 Facebook 这一社交媒体为例，仅在 2012 年，Facebook 每天处理的数据量就多达 500TB（1TB=1024GB，一部电影所占用的储存空间通常不超过 1GB，美国国家图书馆的馆藏书目有 1.5 亿册，运用数字存储技术进行存储所占的空间相当于 235TB）。Facebook 产生的多数数据都存储在一个硬盘空间超过 100PB（1PB=1024×1024GB）的集群中。为了了解产品运行状况，Facebook 的产品团队每 30 分钟就要扫描 105TB 的数据。除此之外，该公司还要处理数百万张图片和数十亿次 LIKE（点赞）按钮的点击，以便针对用户的需求进行定制。总体来说，在 2012 年，Facebook 每天处理的数据量大约如下：处理 27 亿次 LIKE 按钮点击；上传 3 亿张图片；每天由人工或系统自动执行的请求达到 7 万次；每天吸收超过 500TB 的新数据[①]。以微信为例，2017 年 9 月微信的月活跃用户超过了 9 亿人，每天发送的微信超过 300 亿条，其中语音信息超过 60 亿条，微信上的月活跃公众号达到了三百五十万个。从微信以及 Facebook 的案例不难看出，这些社交媒体平台每天生成、处理的数据非常惊人，由此我们不难想象全球互联网每天所产生的数据量。这种惊人数据量展现了大数据的规模。

（三）数据的高速性

当我们对大数据特点进行讨论时，数据生成的高速性也是一个不容忽视的特点，尤其是非结构性数据的生成速度更令人惊叹。在大数据的不同类型中，非结构性数据的占比较高，有机构认为，到 2020 年，互联网上 80%的数据将是非结

---

① 新浪科技．Facebook 每天数据处理量超 500TB．http://tech.sina.com.cn/i/2012-08-23/10597538323.shtml，2012-05-23.

构化数据[①]。非结构化数据的一大特点就是生成速度快。消费者的上网行为会实时产生大量的非结构化数据。无论消费者是在浏览网站内容，进行关键词搜索，在社交网站上与朋友沟通，浏览视频，上传或下载文件，收发邮件，还是在网上订票、订餐或发生购买行为，这些过程都会实时产生大量的非结构化数据。可以说，互联网上非结构化数据的生成犹如大江大河般奔流不息，分秒不停。除此之外，还有来自各种传感器以及各种电子监控系统、物流系统、交通系统等方面的数据。在分布于全球的安全监控系统中，每分钟都产生大量的实时监控视频信息，消费者随身携带的智能穿戴设备、智能手机也会随着消费者的行动而产生大量的信息。当然，这些信息也具有数据价值密度低、分析难度大等特点。高速生成的信息也需要相关部门具有强大的实时信息筛选和处理能力，才能使这些巨量的信息发挥应有的作用。

在大数据时代，通过搜集巨量的多样化的数据资源，人们发现了非常诱人的信息“富矿”，然而信息“富矿”开掘不易，好在计算机技术的高速发展也给数据资源的开发和利用提供了有效的工具。

二、大数据时代的新动向

在大数据时代，数据收集存储以及处理技术的发展使人们在大数据的应用方面有一些新的思考和新的理念产生。一是在传统的数据采集分析过程中，从效率和经济性的角度考虑，人们通常会采用抽样的方式，当下数字技术的发展使全样本的统计和分析成为可能。二是在大数据的运用过程中，很多情况下，人们选择不问因果，而是将对数据的运用重点放在对关联性的挖掘方面。

（一）从对数据进行抽样到收集全面数据进行分析

在传统数据分析的时代，数据的统计和分析很难全面进行，大多都是采用抽样的方式。这种情况是由各方面原因造成的：首先，从成本的角度来看，在传统时代，获取全部样本的数据需要极大的资金投入；其次，从效率的方面，对全部

① 戴尔科技集团. 2020 年 80%的市场份额将是非结构化数据解决方案，但供应商未做好准备？http://www.sohu.com/a/164666117_282720，2017-08-14.

样本数据的获取需要漫长的过程且分析不易；最后，从数据处理技术的方面，在传统时代，数据统计多是结构性的数据。

虽然凡存在即合理，但这种传统数据分析的理念和具体的做法具有时代的局限性。这种局限性也体现在两个方面：第一，传统样本分析具有抽样代表性的问题。尽管随着统计学的发展，统计学家们提出了各种抽样的技术与方法，但仍然难以保证样本对全体对象的代表性问题。更不用说如果抽样不科学的话，调查结论简直“谬以千里”。第二，由于获取的数据大多是结构性数据，尽管这些数据更便于分析和处理，但这也影响了数据类型的全面性，也可能从而影响到结论的准确性。

在大数据时代，数据分析处理技术的发展使传统数据分析中存在的很多问题迎刃而解。这表现在当下数据收集的成本很低，且数据收集和处理的效率很高，这就使企业不用再出于对成本或效率的考虑而选择抽取部分样本的方式来完成对某一问题的调研，而且调查者也不需要因为数据处理能力的不足放弃难以分析的大量非结构性数据。在这样的情况下，通过获取全部样本的信息，大数据技术使选择样本不当所带来的误差得以避免。大数据技术获取和分析的是全部的数据集，对非结构化数据的获取和分析能够帮助研究者更全面地了解和洞悉被调查对象，得出更为准确、客观的结论。

以亚马逊和沃尔玛这两大零售巨头为例，两者都是大数据应用方面的专家，通过对品牌全部消费者数据的深入研究，这两大零售商都取得了不俗的成绩。亚马逊利用其 20 亿用户账户的大数据，通过预测分析 140 万台服务器上的 10 亿 GB 的数据来寻找促进销量增长的方法。亚马逊会追踪消费者在电商网站和智能手机应用网站上的一切行为，尽可能多地收集信息。浏览亚马逊“账户”部分，就会发现其账户管理的思路也是为收集用户数据服务的。每一位用户的主页上有不同的部分，如“愿望清单”“为你推荐”“浏览历史”“你浏览过的相关商品”“购买此商品的用户也买了”等栏目。亚马逊通过保持对用户行为的追踪，为用户提供更优化的个性化购物体验。沃尔玛则通过店内的 Wi-Fi 搜集了将近 1.45 亿名美国客户（相当于美国成年人的 60%）的详尽数据，包括他们购买的物品、他们住的地方，以及他们喜欢的产品等。沃尔玛实验室的大数据团队还能通过分析用户在沃尔玛网站上的点击行为，消费者在店内和线上购买的物品以及推特上的趋势，判断当地的活动（如旧金山巨人队赢得世界大赛）和天气变化将如何影响用户的购买模式等。根据大数据分析出的结果，沃尔玛可以调控仓库中的货物存储，动态调整价格，以短信和直邮的形式进行精准营销，进而实现销售利润的最大化①。

（二）注重寻找数据间的联系而非因果关系

从海量的数据，尤其是非结构化的数据中，试图寻找因果关系，这不仅非常复杂，而且往往难以获得答案。不过，在巨量的数据中，即使我们不追溯原因，也能够发现有效的信息和结论，并基于此提供有效的解决方案。这是因为除了寻找因果逻辑之外，通过对大数据的分析找寻关联性的因素也是非常具有价值的，相对而言难度偏低。因此，在大量的大数据分析实践中，关联分析的方法被广泛运用。

例如，著名的电商平台亚马逊将其顾客购买的所有商品视作一个购物篮，分析篮子中某几样商品同时出现的概率，如顾客只要购买或收藏某一款上衣，亚马逊就会十分“贴心”地自动向这名顾客推荐长裤、外套等相关联的项目，激发顾客额外的购买欲。淘宝近年来也推出了“购物车猜你喜欢”这一内容，基于消费者在购物车中所选择的商品，向他们推荐关联性较高的其他商品。视频网站 Netflix 也会通过分析消费者收藏的影片数据以及观影的历史，智能化地为消费者推荐他们最可能观看的电影，给消费者提供选择的便利。类似的方法在 eBay、京东这样的电商平台上都被广泛应用。在这些案例中，通过对数据的分析，品牌只需要了解不同产品或影片之间的关联性概率，就可以做出靠谱的推荐。至于为什么收藏了 A 影片的消费者会倾向于观看 B 影片，其中的原因可能是非常复杂的，而且也很难一概而论。好在这部分因果关系的分析对企业而言并非必要。从这个意义上说，在大数据时代，针对数据类型的变化，对数据的应用目标以及理念应当更新，以便高效地为品牌提供解决方案。

---

① 雷锋网. 亚马逊 PK 沃尔玛：在 AI 和大数据上，不要过分抬高亚马逊，也不要贬低沃尔玛. http://www.sohu.com/a/151193816_114877，2017-06-22.

第二节 大数据时代带来品牌发展新机遇

大数据时代的到来毫无疑问会给品牌发展带来新的机遇，这主要表现在三个方面：首先，基于大数据的运用，消费者的媒介接触行为相关信息能够被更为准确地获取和分析，因而制定更为精准的营销沟通渠道策略成为可能。其次，通过对非结构化数据的分析，消费者的各种行为乃至情绪数据都能被动态抓取，基于此，品牌运营者能够更深入理解和把握目标消费者的心理和行为。最后，基于大数据的应用，品牌运营者能够更精确地把握消费者参与品牌活动的出发点，设计更为有效的互动和参与环节。

一、大数据运用使品牌拥有精准沟通渠道

“我知道我的广告投资有一半被浪费掉了，但问题是我不知道是哪一半。”在广告圈中，奥美广告创始人的这句话广为流传，被称为广告界的“哥德巴赫猜想”。之所以这句话引来广泛的共鸣，是因为在传统媒体时代，广告效果的评估工作是一个大难题，品牌只能通过经验估计最优化的广告投放渠道。然而，进入新媒体时代之后，尤其是大数据技术的运用使品牌拥有了更为精准的沟通渠道。

（一）大数据技术的运用使企业能够针对性地优化自有媒体的内容投放

大数据技术的背景下，企业可以追踪每一位用户在互联网上发生的行为，如消费者是从哪些平台或页面跳转到企业网站的？进入企业网站后，消费者又点击、浏览了哪些页面？消费者针对不同的内容和板块停留时间是多久？又是从哪个页面或哪一个具体内容板块离开了网站？这些行为都可以被即时抓取。通过对这些行为的分析，企业可以对网站的运营进行有的放矢的优化，从而使企业在自有网站的运营和内容的设计方面构建更为精确的策略。有些企业还设有专门追踪、分析消费者网页浏览行为的部门，他们除了进行上述工作之外，还会将信息反馈到

公司其他相关部门，实现联动。

（二）大数据的运用能够使品牌优化广告资源配置

从企业的角度而言，大数据的运用能够使企业更好地把握广告投放后产生的效果，并在此基础上优化广告资源的配置，将广告投放到更为高效的渠道。之所以企业能够把握广告投放的效果，主要是基于企业对消费者网络应用行为及其痕迹的追踪和分析。例如，当企业在互联网上选择了若干平台进行了广告投放之后，企业可以观察和追踪消费者是通过哪些网站或平台跳转到品牌网站或活动页面的，由此可以发现最高效的广告投放渠道，并及时调整广告投放的布局。或者如果所有投放的广告效果都不理想，没有形成令人满意的引流效果，企业也可以再进一步思考修改广告投放的路径。

从网络媒体的角度出发，通过对用户资料和行为的分析，能够更好地把握用户的特征，针对性地进行广告投放。2015 年，当首个微信朋友圈广告上线时，掀起了轩然大波。因为微信同时投放了三个品牌的广告，但是，每个微信用户只能看到三个广告中的一个，有些消费者朋友圈中出现的数据流广告是宝马品牌，有的接收到的是 vivo 手机广告，有些消费者看到了可口可乐广告。消费者纷纷猜测：为什么每一名微信用户会接收到特定的品牌广告呢？此事一时间成为社会热点，很多消费者都晒出自己微信页面中所显示的广告，也纷纷猜测为什么自己页面中出现的是某一品牌的广告。事实上，消费者之所以接收到的广告有差异，是因为微信基于对大数据技术的运用，为不同性别、年龄、爱好、地理特征的消费者设置了用户标签，再加上对消费者使用微信传输的内容信息进行语义分析，对消费者的网络行为进行追踪分析，在此基础上，将消费者进行分类，并对不同的群体进行广告的精准投放。对于网络媒体而言，通过大数据技术对用户进行分析的结论就是说服品牌进行广告投放的重要依据，基于这些数据，粗放型的、基于经验的广告投放行为被精准的、基于实证的投放思路所代替。

基于大数据的运算，实时竞价（real time bidding，RTB）广告与传统广告有了质的区别，传统广告的售卖方式是按照广告位进行销售，而 RTB 广告则是按照受众人群进行广告销售，品牌不管广告最终会按照怎样的比例投放在哪些广告位上，而是希望能够以最为经济的方式将广告投放到目标消费者，实现对目标市场的覆盖。例如，广告主可以要求将广告投放到“18 到 25 岁青年男性，热爱运动，通过互联网购买服饰，对潮流运动品牌有强烈兴趣，在最近 3 个月时间内对某品牌进行过搜索”的用户，通过 RTB 技术，广告主的广告将会被投放到这个目标群体。通过这种方式，消费者看到了与自己相关性很高的广告信息内容，广告主用最为经济高效的方式实现了对目标群体的覆盖，这些都是在大数据技术的帮助下实现的。

（三）大数据的运用使“一对一”的广告投放成为可能

在传统环境下，品牌无法针对每一名消费者投放个性化的广告，这不仅在渠道上是天方夜谭，从广告作品的创意设计方面也无法实现。这是因为在传统媒介环境下，媒介渠道资源是非常稀缺的，且媒介渠道价格昂贵。广告创意设计主要由人工完成的情况下，不可能实现“一对一”的广告创意、设计和制作工作。然而，在大数据技术被广泛运用的今天，对消费者实现“一对一”的广告投放已经变成现实，广告投放渠道精准到极致，人工智能应用也使“一对一”的广告创意设计成为可能。

2015 年“双十一”期间，很多消费者都惊讶地发现，每一个人手机上呈现的淘宝“双十一”广告页面都不相同，不但风格不同，而且推广的内容、推荐的商品也大相径庭。每一位消费者看到的都是专属的广告页面，这种看似不可思议的精准投放是基于淘宝所提出的内容推荐逻辑，即推荐算法。基于大数据和算法，根据不同用户的浏览记录和行为习惯，淘宝能够为用户提供个性化的、大规模的商品推荐，形成每一个用户专属的浏览页面。基于大数据技术和人工智能技术，淘宝所使用的智能海报系统“鲁班”能够在一秒内自动生成 8 000 张海报。无独有偶，除了淘宝之外，京东、亚马逊都在使用这种智能推荐系统，给消费者提供基于大数据运算的、个性化的商品推荐，这相当于每一名消费者走进巨大的百货商店时，店面中所有的商品都是消费者感兴趣的，按照消费者的需求摆放的，而且，所有的店头广告也是针对这名消费者个人的。这种精准的投放在传统环境下是非常科幻的，根本不可能实现，但在大数据技术的支持下，在很多在线的电子商务平台中已经成为现实。美国著名的视频网站 Netflix 也运用了这种智能推荐的技术，为每名观看者个性化推荐电影，每一名 Netflix 用户打开网站时，所浏览的页面都做到了“千人千面”。另外，针对每一名 Netflix 用户的电影观看历史和浏览习惯，使他们看到的电影广告页面也是个性化的。Netflix 拥有超过一亿名的用户，而网站所提供的电影也有成千上万部，那么如何通过电影海报的设计使某一名用户感觉到一部电影非常有吸引力，值得一看呢？Netflix 通过对用户的分析，根据用户的喜好，有针对性地选择某一位用户所青睐的演员、用户以往所偏好的风格或场景、内容等，生成个性化的电影广告页面。例如，如果一位用户非常喜爱情节紧张的汽车追捕场面，新电影中的汽车追捕场面就会被抓取出来，生成电影海报。这种投其所好的个性化电影广告生产方式应用了先进的计算机技术，也更好地抓住了消费者的需求。

二、大数据运用使品牌拥有更强的消费者洞察能力

在大数据时代，品牌对消费者的洞察力更为强大，这是品牌提升服务，优化消费者体验的重要基础。这种更为强大洞察力的实现有两个重要条件：一是大数据技术使品牌能够获取海量的消费者相关信息，充足的信息会带来品牌对消费者更深入的认知和了解；二是大数据技术的发展使企业具有更多、更先进的数据分析方法，这些科学的数据分析方法使品牌能够恰如其分地分析和运用海量数据，更准确地把握和解读消费者的行为和心理。

（一）品牌通过多渠道搜集并存储消费者的海量数据

当下，品牌能够获取的消费者数据是多元化的，不仅包含各种结构化数据，也包含半结构化、非结构化的数据。结构化数据如交易数据，消费者通过电子商务平台发生的购买行为数据都能够被收集和处理。除此之外，消费者的其他行为数据，如搜索行为、对互联网页面的点击行为等也能够被获取和收集。各种半结构、非结构化数据，如互联网用户使用的音频、视频、图片、文本，包括使用社交媒体所产生的数据流，被记录和存储后形成了海量的数据资源。

随着移动互联网的发展和各种移动网络终端被大量使用，消费者在使用移动

设备上的各种程序和应用时，消费者的行为、交易数据配合具体的位置数据也会被即时获取。多种类型的数据和信息使品牌拥有了对消费者更深入的了解，基于此，品牌也能够给消费者提供更为精准的服务。例如，当消费者使用手机地图进行导航，或者开启运动软件在户外跑步时，消费者行为过程中的各种数据都会被记录。大量的消费者位置信息经过分析和处理，能够帮助品牌理解消费者的行为，并在门店选址、精准广告的投放等方面给品牌带来启示。

基于对消费者位置信息的搜集和处理，品牌不仅知道消费者需要怎样的产品和服务，还能够将产品交付到消费者手中。这种基于位置的服务（location based services，LBS）在大数据时代已经成为提升消费者体验的重要手段。2011 年，星巴克在美国的七个城市推出基于位置信息的咖啡服务 Mobile Pour，消费者需要安装这个名为 Mobile Pour 的 APP，该 APP 支持消费者通过手机定位，发送自己所需要的咖啡订单。星巴克获取订单信息后，会派专人将咖啡送达消费者所在位置。为了实现这一服务，星巴克在每平方千米的范围内安排两名咖啡配送人员，他们以滑板车为交通工具，以最快的速度为消费者配送咖啡，给消费者带来了新奇的品牌体验。

通过 RFID 等技术进行数据的搜集也进一步帮助品牌获得对消费者的深入洞察。著名的奢侈品品牌 Prada 在营销中应用射频识别技术洞察消费者行为。在 Prada 门店内，每件衣服上都配有 RFID 码。顾客在店内浏览时，每当拿起一件衣服进到试衣间，这个 RFID 都会被自动识别，此时试衣间里的智能屏幕就会自动播放模特穿着这件衣服走 T 台的视频。更为深入的是，这些在门店发生的数据会传至 Prada 总部。每一件衣服在哪个城市的哪一家旗舰店被试穿，衣服具体在什么时间被试穿，被多少次拿进试衣间，衣服每次在试衣间停留多长时间、最终是否被购买等信息，都会通过 RFID 进行收集并实时传回。这些数据被存储起来加以分析和利用。这意味着，无论是否成为最终的购买客户，每一位走进 Prada 门店的消费者，都将参与到商业决策的过程之中。如果有一件衣服销量很低，这款服装会被直接放弃。但如果 RFID 传回的数据显示这件衣服虽然销量低，但进试衣间的次数多，那就能另外说明一些问题，也许这件衣服的下场就会截然不同，也许在某个细节的微小改变就会重新创造出一件非常流行的产品[①]。

（二）大数据技术的发展对海量数据的准确分析成为可能

大数据技术的发展使数据计算速度获得了巨大的提升，对海量数据的快速处理和准确分析成为可能。同时，在对大数据的处理过程中，各种算法的应用也使分析变得更为精准。技术的进步使企业能够更充分地利用搜集到的各种类型的数据，实现对顾客的精细化管理，更为精准到位地开展营销活动。

目前，很多品牌在营销过程中都应用了大数据技术对海量数据进行精准分析，有些品牌还开发了专业的顾客数据分析模型，其中，美国一家零售连锁超市塔吉特就做到了运用特殊的购买行为数据筛选早期怀孕的人群，然后先于同行精准营销商品。

塔吉特预测顾客怀孕是通过大数据分析实现对消费者洞察的经典案例。2012年，一家塔吉特门店收到了一名男子的投诉，该男子斥责塔吉特给自己正在读高中的 17 岁女儿邮寄婴儿尿片和童车的优惠券。该门店的经理为此向这位父亲道歉。然而，戏剧化的是，一个月后这位父亲发现自己的女儿真的怀孕了。事实上，塔吉特并不是比这位父亲早一个月就发现了女高中生怀孕的情况，而是公司基于对顾客数据的搜集和分析，做出了智能化的个性产品推荐。对于塔吉特这样的大型零售商而言，几十年以来都在进行顾客数据的收集工作。这些海量的数据记录了每一位注册会员的消费信息，每一位注册会员都拥有一个公司内部的特定代码，即顾客号，消费者进行的所有行为只要跟塔吉特品牌相关，就都会被记录下来，并绑定这个顾客号，无论是使用优惠券、拨打过客户热线还是阅读过品牌发送的电子邮件，登录品牌网站，在网站上浏览信息或商品等，都会被一一记录下来。如上文所述，塔吉特搜集的关于消费者行为的海量相关数据就是商业领域中的大数据，这些数据量极为巨大，超过了传统计算机存储技术和数据分析处理工具的功能范围，必须运用大数据、云计算等技术才能够进行深入的分析，并挖掘出巨大的商业价值。

在预测消费者怀孕的案例中，技术人员运用了大数据分析的关联分析法，

---

① 大数据高手塔吉特：我知道你怀孕了！http://www.sohu.com/a/117859356_469880，2016-11-01.

即在大规模数据集中寻找物品间的隐含关系。事实上，技术分析人员从塔吉特的数据仓库中挖掘出 25 项与怀孕高度相关的商品，制作了“怀孕预测”指数。比如他们发现很多女性会在怀孕四个月左右的时候，大量购买无香味乳液。以此为依据推算出预产期后，塔吉特就抢先一步将孕妇装、婴儿床等折扣券寄给客户来吸引客户购买。在这个案例中，塔吉特进行数据分析的思路就是典型的关联分析法。很多电商平台会通过关联分析法，搜寻各种商品购买行为之间的关系，找寻消费者经常同时购买的商品，同时进行推荐和打折，给消费者带来更大的便利性和吸引力。

目前，关联分析法只是对海量数据进行分析和处理的方式之一，在当下，运用大数据技术，品牌能够对来源多样的数据进行采集、清洗、归类，并在此基础上运用关键词分析、语义分析等多样化的技术进行科学的挖掘和整理，最终得出消费者行为的特点和规律，帮助品牌做出决策。

三、运用大数据触发品牌与消费者更多互动

对于品牌的构建和维系而言，大数据是一种手段。为了搭建品牌与消费者之间更为稳固的联系，品牌与消费者之间应当保持互动。为了保持这种互动，仅仅由品牌发起信息传播是不够的，还需要消费者能够对品牌的营销活动有所回应，才能形成有效的“对话”，这就需要品牌运用各种手段激发消费者与品牌互动和沟通的欲望。大数据技术的应用能够帮助品牌对消费者建立更为深入的认知和理解，这种对消费者深入的理解是建立更为频繁、有效的互动和对话的基础。

（一）相关性、精准推送、定制信息内容会触发消费者互动的欲望

传播学使用与满足理论认为，受众在媒介使用的过程中，具有很强的能动性，受众会根据自己的需求和喜好来获取媒介内容。也就是说，受众在信息接触的过程中，会基于自身的需求和动机，对大量信息进行拣选，忽略那些与自己无关的信息。这一理论带来的启示是：品牌需要打造与目标受众群体具有强烈关联性的信息内容进行推送，才能取得理想的营销传播效果。这就需要传播者首先了解目标受众群体的特点和需求。大数据技术的应用不但能够帮助品牌更准确地发现和

定位品牌的目标受众，而且能够通过对目标受众的分析更准确地获知他们的需求和喜好，在此基础上，品牌得以构建定制化、个性化的内容，实现对特定用户的精准推送，这样，消费者能够被激起更强的互动欲望。

例如，尽管很多消费者都有着旅游的需求，但是由于消费者有着不同的年龄、性别、收入、家庭情况，他们对旅游也有着不同的喜好。通过大数据技术，旅游网站可以精确识别哪些消费者是亲子游的目标消费群体，哪些消费者喜好自由行，哪些消费者是出境游的潜在客户，哪些消费者有跟团游的需求，接下来，旅游网站能够在合适的时间，通过精准的渠道向这些消费者推送相关的广告信息。从自身的需求出发，消费者会对这些定制化的内容产生兴趣，进行点击和浏览。一旦消费者进一步定下行程，并且开始预订的行程之后，企业也可以进一步结合消费者预定的行程以及准确的即时地理位置信息，给消费者推送当地的住宿、餐饮、出行、游玩等服务，在这样的场景下，消费者对信息的响应热情会更高。

（二）数据挖掘形成对热点的把握，通过热点内容引发消费者互动热情

品牌通过对互联网上海量数据的处理和分析，选择可能引爆社交网络的事件，结合此类热点事件进行传播策划，更有可能抓住消费者的注意力，这符合大数据时代传播的规律。在大数据时代，传播活动充分抓住热点事件，能在最短时间发挥最大效果，抓住公众眼球，引导公众，让反馈和互动率上升[①]。一旦对热点事件的把握引发消费者关注，品牌需要即刻抓取社交媒体平台上实时生成的消费者评论，评估消费者的情绪和态度走向，与消费者进行实时的沟通和对话。2013 年，在奥利奥品牌创建 100 周年时，该品牌在社交媒体平台上打造了“Daily Twist”活动，连续 100 天不断推出社交媒体广告。活动策划小组每天分析和研判互联网上的热点事件，并基于热点事件，结合奥利奥饼干的造型，进行广告创意。广告创意投放后，品牌会实时跟进社交媒体上消费者的反馈声音，与消费者即时互动，也进一步收集消费者对活动的评价和建议。通过运用大数据技术，实现社交媒体的实时倾听，形成与消费者有效的互动和对话，对企业来说也是成效斐然的。通过这一活动，奥利奥品牌的社交媒体互动率增长了 110%，社交媒体粉丝也获得

---

① 刘末. 大数据的反馈和互动. https://www.sohu.com/a/144503132_819580，2017-05-29.

了大幅度的增长①。

毋庸置疑，当消费者在互联网浩如烟海的信息中，“碰巧”浏览到与自己相关的、自己特别感兴趣的话题时，会感到眼前一亮。然而，这种“偶遇”可能是来自大数据周密的计算与安排。这种周密的计算和安排无疑会使消费者更倾向于深入了解相关信息，与品牌展开沟通与互动。品牌还可以基于大数据技术，打造与消费者的实时对话机制。在这里，社交媒体因其普及性和社交沟通的功能，成了品牌与消费者对话的重要平台。因此品牌必须重视社交媒体倾听，形成相应的反馈机制，随时进行数据的抓取、分析、评估，根据消费者的情绪走向和行为反应，积极应对，随时进行沟通策略的调整。

品牌与消费者之间更为频繁且充满活力的互动需要基于品牌对消费者更深入的了解、基于在战略和策略层面对这种对话过程的重视和恰如其分的应对。大数据技术的发展使这两者都成为可能，因而，也给品牌发展带来了更多的机遇。

第三节　运用大数据技术打造成功品牌

对品牌运营者而言，成功的品牌构建有一个重要的立足点，即对品牌发展环境的准确理解和把握。从品牌发展的宏观环境到微观环境，从品牌竞争者到品牌用户，唯有准确地把握诸多复杂因素，才有可能做出最为明智的品牌发展决策，也才能够在品牌动态发展的过程中预测问题，察觉问题，合理解决问题。大数据技术的出现恰恰为品牌运营者提供了有力的工具，为品牌发展决策的制定提供了更为客观的实证依据，也为动态维系品牌与消费者之间的关系提供了有效的保障。

一、运用大数据技术为品牌决策提供客观依据

长期以来，品牌在重大决策的制定过程中缺乏客观的依据，主要依靠经验。

① Diaz A C. Oreo's 100-Day “Daily Twist” Campaign Puts Cookie in Conversation. http://adage.com/article/digital/oreo-s-daily-twist-campaign-puts-cookie-conversation/237104/，2012-11-10.

但是，对于品牌而言，进行关乎发展方向的决策绝非儿戏，一旦决策失误，将对品牌和企业的发展造成不可估量的损失。在大数据时代，品牌所有者在做出重大决策时，可以通过获取和分析来自宏观和微观环境的海量数据，对品牌发展所面临的复杂情况进行预测，进而降低品牌决策可能面临的风险和不确定性。

（一）通过全面收集分析宏观经济走势和行业发展数据，提高决策水平

对于品牌的发展而言，不可能脱离国内外大环境，国内外经济发展的走势以及发展方向都会对企业和品牌的发展造成影响。在传统时代，品牌对宏观环境的准确判断很难实现，只能凭借经验或随波逐流。运用大数据技术获取关乎周边宏观环境的信息，基于这些数据做出准确的预判，及时调整品牌经营的整体战略，这对于品牌未来发展而言具有积极的意义。

例如，阿里巴巴通过对大数据的分析，预测到了 2008 年金融危机的爆发。在当时，阿里巴巴掌握着国内 3 000 万中小企业的订单和大量国际客户采购询盘，2008 年初，阿里巴巴发现来自海外的询盘急剧下降，这反映了欧美对中国贸易的下滑。通过这种数据的变化，阿里巴巴做出了金融危机即将到来的预测。在这样的背景下，阿里巴巴在经营方面进行了巨大的转向决策，他们建议使用阿里巴巴网商平台的小企业重视金融危机可能带来的影响，同时在外贸和内贸的业务比重方面进行调整。事实证明，阿里巴巴基于大数据做出了关于金融危机的准确预测，也为企业应对金融危机赢得了宝贵的时间。另外，也有一些奢侈品品牌通过对大数据的分析，发现了奢侈品消费年轻化的趋势，因而做出了整个品牌风格转向年轻化的重大决策。

企业忽略宏观环境因素的变化，会在品牌决策方面错失时机，导致企业面临严峻的问题。长期以来，方便面是中国消费者钟爱的快餐食品，以“康师傅”为代表的方便面产品成为“国民食品”，在中国市场中取得了巨大的市场份额。但是，从 2012 年到 2017 年，康师傅在中国市场快速衰退，五年内股票市值缩水了 50%。从现实情况来看，无论是近几年来外卖行业的飞速增长，还是中国消费者在食品选择方面的“消费升级”，这些现象早已在市场上显露出蛛丝马迹。如果企业能够

把握这些迹象，通过数据的分析确认这些问题，尽早思考如何应对并做出决策，进行战略转型，就有可能会出现不一样的竞争格局。

由这些案例我们不难看出，通过对品牌经营宏观环境和行业发展大环境的准确分析，判断品牌面临的机遇与问题，正确做出品牌发展的决策是至关重要的。大数据在关键性的决策过程中的作用也越来越凸显出来。

（二）通过收集分析品牌自身大数据，做出精准决策

除了对宏观环境趋势的分析以及对行业发展趋势的分析，在更多的情况下，品牌需要对自身运营和发展的情况做出准确的分析和判断，并在此基础上做出品牌决策。大数据技术能够结合对品牌自身运营数据、消费者大数据等数据资源的搜集和分析，提供做出品牌决策的线索。

百思买是美国著名的数码产品零售商，旗下经营的产品总数达到 3 万多种，产品的价格也随地区和市场条件而变化。由于产品种类繁多，成本变化比较频繁，一年之中，每种产品价格的变化可达四次之多。结果，每年的调价次数高达 12 万次。可想而知，企业对商品的促销定价是非常麻烦的工作。为此，百思买组成了一个 11 人的团队，希望通过分析消费者的购买记录和相关信息，提高定价的准确度和响应速度。定价团队围绕着三个关键维度展开了对数据的分析：①数量。团队需要分析海量信息，他们收集了上千万条消费者的购买记录，从客户的不同维度分析，了解客户对每种产品种类价格的最高接受能力，从而为产品定出最佳价位。②多样性。团队除了分析购买记录这种结构化的数据外，他们也利用了社交媒体发帖这种新型的非结构化数据。由于消费者需要在零售商专页上点赞或留言以获得优惠券，团队利用情感分析公式来分析专页上消费者的情绪，从而判断他们对于公司的促销活动是否满意，并微调促销策略。③速度。为了实现价值最大化，团队对数据进行实时或近似实时的处理。他们成功地根据一个消费者既往的麦片购买记录，为身处超市麦片专柜的特定客户即时发送优惠券，为客户带来便利性和惊喜。通过这一系列的活动，团队提高了定价的准确度和响应速度，为零售商新增销售额和利润数千万美元[①]。

① 速途网. 看完这些案例，你就能玩转大数据分析！http://www.sootoo.com/content/549979.shtml，2015-02-04.

从百思买的案例出发，我们能看到大数据对于品牌决策所带来的影响是本质性的，无论是决定品牌未来发展方向的关键性决策，还是关乎品牌短期发展目标的阶段性决策，都从基于主观经验推断的过程转变为基于客观实证数据进行分析的过程。毫无疑问，企业基于大量的客观实证数据进行决策的成功率会更高。在这样的背景下，很多企业都构建了数据分析的部门，组织了专业的数据分析团队，以保障品牌决策的水平。

二、运用大数据技术动态维护品牌与消费者关系

在大数据时代，品牌构建的重点仍然未变，对于品牌而言，消费者对品牌的满意度、忠诚度以及二者之间的亲密关系仍然是核心问题。但是，品牌与消费者之间的关系不是固定不变的，品牌需要动态监控消费者的行为，了解消费者对品牌的态度变化并及时做出应对，这对于品牌形象的维系是非常关键的环节。基于此，有学者提出了品牌侦听的概念，提出品牌需要时刻把握消费者数量、增长数、用户关注量、情感数据等指标，并在分析这些数据的基础上提出有效的营销解决方案[①]。

（一）基于大数据技术，建立关注消费者动态的长效机制

品牌是动态发展的，消费者与品牌之间的交互活动更是分分秒秒都在发生，企业必须构建关注消费者行为的长效机制，并将这种机制纳入品牌成长的决策过程中，才能有效保持品牌与消费者之间关系的活力。

海尔新媒体团队通过社交媒体倾听，运用数据分析技术，在产品开发方面将消费者意见有效纳入企业运营过程中来，使消费者能够实际参与品牌建设。海尔的这项业务叫作交互增值业，具体是指通过新媒体和用户的交互，利用大数据为用户画像，并为所服务企业提供产品定制或建议。例如，在海尔新媒体运营过程中，用户提出产品建议后，运营者则可以向海尔旗下的比如冰箱、洗衣机、空调等小微企业，就产品形式、名字、设计等提出建议，同时，在产品推出之后，新媒体小微可以提供营销甚至销售服务。海尔新媒体将这种模式称为 C2E 模式，全

① 曾振华. 大数据传播视域下的品牌侦听. 当代传播，2017，（4）：111-112.

称为Customer to Entrepreneur，即从顾客到创业者。从前期的用户意见分析和用户数据分析，到产品设计、名称，以及后面的推广和销售，新媒体小微成为一个“用户个性化定制全流程交互平台”[①]。定制化的商品或服务能够使品牌更好地满足消费者的个性化需求和期待，因而能够大幅度提升消费者的满意度和品牌忠诚度。但更为重要的是，海尔构建的新媒体运作方式很好地保障了品牌与消费者之间长期稳定的沟通，消费者能够持续不断地将意见传递给品牌，品牌高效地对消费者意见做出回应，形成了一种良性循环。这样的良性循环是构建品牌与消费者之间持续、稳定、健康关系的保障。

（二）基于大数据技术，开展重塑品牌与消费者关系的创新活动

除了稳定、长效机制的构建之外，品牌还需要给消费者以惊喜，使他们保持对品牌的新鲜感。但这种惊喜的产生不应该是毫无根据的，而是应该通过积极地倾听消费者在互联网上发出的声音，采取迅速的、具有针对性和创新性的行动进一步优化品牌形象。

莫尔顿（Morton’s）牛排坊是全球排名第一的牛排连锁店，该品牌通过大数据技术，准确锁定了一位顾客，并为这位顾客提供了惊喜服务，这一次品牌与消费者之间的互动塑造了鲜明的品牌形象，而且引起了消费者对品牌的普遍关注。莫尔顿牛排坊的这次品牌推广活动是由顾客的行为引发的，一位顾客开玩笑地通过 Twitter 向这家位于芝加哥的牛排连锁店订餐，然而订餐地址是纽约 Newark 机场，原因是这位顾客将在一天工作之后抵达该机场。在一般情况下，品牌对这类有恶作剧色彩的消费者行为会采取置之不理的做法，然而，莫尔顿牛排坊首先分析了这位消费者在 Twitter 上的数据，发现他是莫尔顿牛排坊的常客，接下来，品牌进一步对该顾客以往的订单数据进行深挖，推测出其乘坐航班的可能时间。基于这些分析，莫尔顿牛排坊派出了一位身着燕尾服的侍者，在准确的时间点上出现在 Newark 机场，为客户提供了晚餐[②]。从大数据技术本身的层面上，莫尔

---

① 海尔商业模式启示：把互联网思维注入工厂，加速平台化. https://bschool.hexun.com/2016-10-21/186531664.html，2016-10-21.

② CIO 之家十个典型的大数据案例. https://www.jianshu.com/p/105bb3857b2c，2016-09-26.

顿牛排坊的案例并没有惊人之处，但是，值得注意的是品牌如何将数据分析技术运用于消费者关系的维系以及品牌形象的建构方面。毫无疑问，通过此案例的广泛传播，莫尔顿牛排坊成功塑造了“带给消费者惊喜”的品牌形象。

美国著名的零售商 Nordstrom 也成功地通过对大数据技术的运用，为消费者打造了独特的品牌体验。Nordstrom 使用了各种数据采集和挖掘技术，其目的是结合线上线下的资源，为消费者提供个性化的商品推荐服务。除了从他们自己的电商网站和实体店采集的数据，他们还从外部社交平台获取了大量数据，其中包括两百万的 Facebook 粉丝数据、四百五十万 Pinterest 的粉丝数据，以及三十万的 Twitter 粉丝数据等。除此之外，他们通过发展“时尚奖励计划”（fashion rewards program）收集了大量的客户数据，购物者可以使用该计划发行的 Nordstrom 信用卡享受很多礼遇，同时 Nordstrom 得以跟踪购物者的所有花费和积分使用情况等。他们还整合了物流和库存数据，消费者在网上购物的时候可以了解到每一件商品的实时库存数字[①]。这种高度定制化的打通了线上线下资源的购物体验对消费者来说，代表着个性化和高效的品牌印象。

当下，在品牌的发展过程中，对大数据技术的运用绝不仅仅是一种潮流，更是品牌发展所必须抓住的机遇。这是因为品牌为消费者打造的美好体验需要基于品牌对消费者的深入洞察，而大数据恰恰是实现消费者洞察的最有效工具。因此，在数字时代，品牌的发展必须拥抱大数据，并在大数据的使用方面充满创新精神，这样才能使品牌迸发出前所未有的生机和活力。

延伸阅读

海尔应用大数据挖掘技术为会员提供精准产品推荐

海尔品牌建立了 S-CRM 会员大数据平台，对大量的会员做筛选分析处理，在这一网络化时代为海尔会员提供精准营销与互动服务。海尔通过 S-CRM 定位

① 搜狐. 时尚百货 Nordstrom 如何借助大数据试验驱动创新？http://www.sohu.com/a/118136616_376034，2016-11-04.

到上海虹桥新城小区，通过相似映射找到北京景泰西里小区，对小区成员进行调查找到潜在顾客，然后投递广告杂志，达成交易，而这仅仅是初步成功。之后又成功推荐智能电视，并开发出新产品——零气压燃气灶。整个流程简单便捷，一气呵成，通过大数据平台分析筛选定位，发掘潜在用户并与之保持联系，用平台黏住用户，终而成功营销。海尔 S-CRM 一改传统营销的缺点和劣势，一切都在线上操作，快速智能匹配，定位精准无误，直击用户需求[①]。

http://www.fx361.com/page/2016/0415/334674.shtml

① 龚晓岑. 以海尔营销案例为例浅谈大数据营销. http://www.fx361.com/page/2016/0415/334674.shtml，2016-04-15.

参考文献

奥格威 D. 2003. 一个广告人的自白. 林桦译. 北京：中国物价出版社.

白海. 2014. 品牌数字资产怎么用？成功营销，(8)：65.

查菲 D，埃利斯-查德威克 F. 2015. 网络营销：战略、实施与实践. 马连福，高楠，等译. 北京：机械工业出版社.

陈明亮. 2002. 客户生命周期模式研究. 浙江大学学报(人文社会科学版)，32(6)：66-72.

程明，张常国. 2015. 品牌归于管理——新时代的战略品牌观与品牌运作法则. 北京：人民出版社.

储林. 2017. 品牌依恋的相关理论研究述评. 赤峰学院学报（自然科学版），32（11）：79-81.

代玉梅. 2011. 自媒体的传播学解读. 新闻与传播研究，(5)：4-11.

范博梅尔 E，埃德尔曼 D，昂格曼 K. 2014. 数字化消费者决策历程. 沈建苗译. IT 经理世界·CEOCIU，(6)：66-69.

范秀成. 2001. 顾客体验驱动的服务品牌建设. 南开管理评论，(6)：16-20.

尕藏草. 2013. Social CRM：用户关系管理的新维度. 中国传媒科技，(2)：74-76.

关辉国，耿闯闯，陈达. 2018. 顾客消费体验对品牌资产影响效应路径研究——基于线上价值共创的新视角. 西北民族大学学报（哲学社会科学版），(1)：80-88.

何佳讯. 2000. 品牌形象策划——透视品牌经营. 上海：复旦大学出版社.

金鑫. 2007. 从 ROI 到 SPT——数字化时代“更消费者中心”的创意评价标准. 广告大观（理

论版),(5):12-16.

科特勒 P. 2001. 营销管理. 梅汝和,梅清豪,周安柱译. 北京:中国人民大学出版社.

雷琼芳. 2010. 加强我国网络广告监管的立法思考——以美国网络广告法律规制为借鉴. 湖北社会科学,(10):142-144.

李恒,吴维库,朱倩. 2014. 美国电子商务税收政策及博弈行为对我国的启示. 税务研究,(2):74-78.

李静. 2013. 迈克尔·波特和他的竞争战略. 企业导报,(6):238-239.

李静,王其荣,陈朝晖. 2012. 品牌理论研究综述. 企业改革与管理,(11):12-13.

李丽莎. 2012. 客户关系管理的多元研究视角分析——客户关系管理文献述评. 改革与战略,(4):216-218.

李世丁. 2001. 整合致胜:打造强势品牌的锐利武器. 广州:广东经济出版社.

李晓英. 2015. 大数据时代互动式整合传播营销体系的建构. 当代传播,(4):80-82.

李颖灏. 2012. 关系营销导向对营销创新的影响研究. 科研管理,33(3):42-48.

刘志明. 2014. "公共关系"再定义. 新闻与传播研究,(11):113-115.

卢泰宏,吴水龙,朱辉煌,等. 2009. 品牌理论里程碑探析. 外国经济与管理,31(1):32-42.

卢泰宏,周志民. 2003. 基于品牌关系的品牌理论:研究模型及展望. 商业经济与管理,(2):4-9.

迈尔-舍恩伯格 V,库克耶 K. 2013. 大数据时代. 盛杨燕,周涛译. 杭州:浙江人民出版社.

丘惠翠,徐伟信. 2017. 电商企业客户关系管理策略探析——以韩都衣舍为例. 电子商务,(10):38-39.

仁科贞文,田中洋,丸冈吉人. 2008. 广告心理. 上海:外语教学与研究出版社.

舒尔茨 D,舒尔茨 H. 2005. 唐·舒尔茨论品牌. 高增安,赵红译. 北京:人民邮电出版社.

舒咏平. 2013. 品牌传播教程. 北京:北京师范大学出版社.

斯隆 D. 2010. 美国传媒史. 刘琛,等译. 上海:上海人民出版社.

斯图尔特 P. 2000. 品牌的力量. 尹英,万新平,宋振译. 北京:中信出版社.

宋若涛. 2014. 数字技术下广告的发展演进研究. 武汉大学博士学位论文.

孙晓强. 2007. 品牌关系理论研究综述. 市场营销导刊,(2):52-55.

王晨. 2015. 社会化媒体客户关系管理建设应用浅析. 知识经济，(10)：37.

王菁，李妍星. 2015. 在线顾客体验的形成路径：基于沉浸理论的实证研究. 中国地质大学学报(社会科学版)，15(2)：132-139.

王全弟，赵丽梅. 2002. 论网络空间个人隐私权的法律保护. 法学论坛，17(2)：71-78.

王心娟，高厚礼，郭海燕. 2012.《管子・八观》思想与 PEST 模型比对分析. 管子学刊，(4)：10-13.

温韬. 2007. 顾客体验理论的进展、比较及展望. 四川大学学报(哲学社会科学版)，(2)：133-139.

晏国祥. 2007. 消费体验研究史探. 北京工商大学学报(社会科学版)，22(4)：83-86，102.

姚曦，黎明. 2017. 互联网时代公共关系的理论与实践. 北京：中国建筑工业出版社.

叶映兰. 2009. 基于价值的客户关系管理及其应用. 科研管理，30(6)：172-177.

曾振华. 2017. 大数据传播视域下的品牌侦听. 当代传播，(4)：111-112.

张晓强，杨君游，曾国屏. 2014. 大数据方法：科学方法的变革和哲学思考. 哲学动态，(8)：83-91.

智颖. 2014. 品牌资产新定义——品牌数字资产榜单. 中国广告，(7)：89-91.

中国传媒大学广告主研究所. 2008. 新媒体激变：广告“2.0 时代”新媒体真相. 北京：中信出版社.

周鑫华. 2010. 关系营销理论模型综述. 商业研究，(10)：17-25.

朱红亮. 2009. 品牌概念的发展嬗变. 西北师大学报(社会科学版)，46(4)：118-120.

Lemon K N，Verhoef P C. 2016. Understanding customer experience throughout the customer journey. Journal of Marketing，80(6)：69-96.

Muntinga D，Moorman M，Smit E. 2011. Introducing COBRAs. International Journal of Advertising，30(1)：13-46.

Stephen A T，Galak J. 2012. The effects of traditional and social earned media on sales：a study of a micro lending marketplace. Journal of Marketing Research，XLIX：624-639.